Rudolf Steiner

Goethes Weltanschauung

Verlag
der
Wissenschaften

Rudolf Steiner

Goethes Weltanschauung

ISBN/EAN: 9783957007018

Auflage: 1

Erscheinungsjahr: 2016

Erscheinungsort: Norderstedt, Deutschland

Hergestellt in Europa, USA, Kanada, Australien, Japan
Verlag der Wissenschaften in Hansebooks GmbH, Norderstedt

Cover: Tizian "Ländliches Konzert "

GOETHES WELTANSCHAUUNG.

ARTES
SCIENTIA
VERITAS
LIBRARY OF THE
UNIVERSITY OF MICHIGAN
BEQUEST OF
PROF. MAX WINKLER

GOETHES

WELTANSCHAUUNG.

VON

RUDOLF STEINER.

WEIMAR

VERLAG VON EMIL FELBER

1897.

Vorrede.

Die Gedanken, die ich in diesem Buche mitteile,
sollen die Grundstimmung festhalten, die ich in der
Weltanschauung Goethes beobachtet habe. Im Lauf
vieler Jahre habe ich immer wieder und wieder das
Bild dieser Weltanschauung betrachtet. Besonderen
Reiz hatte es für mich, nach den Offenbarungen zu
sehen, welche die Natur über ihr Wesen und ihre
Gesetze den feinen Sinnes- und Geistesorganen Goethes
gemacht hat. Ich lernte begreifen, warum Goethe
diese Offenbarungen als so hohes Glück empfand, daſs
er sie zuweilen höher schätzte als seine Dichtungsgabe. Ich lebte mich in die Empfindungen ein, die
durch Goethes Seele zogen, wenn er sagt, daſs „wir
durch nichts so sehr veranlaſst werden über uns selbst
zu denken, als wenn wir höchst bedeutende Gegenstände, besonders entschiedene Naturscenen nach langen
Zwischenräumen endlich wiedersehen und den zurück-
gebliebenen Eindruck mit der gegenwärtigen Einwirkung vergleichen. Da werden wir denn im Ganzen
bemerken, daſs das Object immer mehr hervortritt,

dafs, wenn wir uns früher an den Gegenständen em-
pfanden, Freud und Leid, Heiterkeit und Verwirrung
auf sie übertrugen, wir nunmehr bei gebändigter
Selbstigkeit ihnen das gebürende Recht widerfahren
lassen, ihre Eigenheiten zu erkennen und ihre Eigenschaften, sofern wir sie durchdringen, in einem höhern
Grade zu schätzen wissen. Jene Art des Anschauens
gewährt der künstlerische Blick, diese eignet sich dem
Naturforscher, und ich mufste mich, zwar anfangs nicht
ohne Schmerzen, zuletzt doch glücklich preisen, dafs,
indem jener Sinn mich nach und nach zu verlassen
drohte, dieser sich in Aug und Geist desto kräftiger
entwickelte."

Die Eindrücke, welche Goethe von den Erscheinungen der Natur empfangen hat, mufs man kennen,
wenn man den vollen Gehalt seiner Dichtungen verstehen will. Die Geheimnisse, die er dem Wesen und
Werden der Schöpfung abgelauscht hat, leben in seinen
künstlerischen Erzeugnissen und werden nur demjenigen offenbar, der hinhorcht auf die Mitteilungen,
die der Dichter über die Natur macht. Niemand kann
in die Tiefen der Goetheschen Kunst hinuntertauchen,
dem Goethes Naturbeobachtungen unbekannt sind.

Solche Empfindungen drängten mich zu der Beschäftigung mit Goethes Naturstudien. Sie liefsen zunächst die Ideen reifen, die ich vor mehr als zehn
Jahren in Kürschners „Deutscher Nationallitteratur"
mitteilte. Was ich damals in dem ersten anfieng, habe
ich ausgebaut in den drei folgenden Bänden der naturwissenschaftlichen Schriften Goethes, von denen der
letzte in diesen Tagen vor die Oeffentlichkeit tritt.
Dieselben Empfindungen leiteten mich, als ich vor

mehreren Jahren die schöne Aufgabe übernahm, einen
Teil der naturwissenschaftlichen Schriften Goethes für
die grofse Weimarische Goethe-Ausgabe zu besorgen.
Was ich an Gedanken zu dieser Arbeit mitgebracht
und was ich während derselben ersonnen habe, bildet
den Inhalt des vorliegenden Buches. Ich darf diesen
Inhalt als e r l e b t im vollsten Sinne des Wortes bezeichnen. Von vielen Ausgangspuncten aus habe ich
mich den Ideen Goethes zu nähern gesucht. Allen
Widerspruch, der in mir gegen Goethes Anschauungsweise schlummerte, habe ich aufgerufen, um gegenüber der Macht dieser einzigen Persönlichkeit die
eigene Individualität zu wahren. Und je mehr ich
meine eigene, selbst erkämpfte Weltanschauung ausbildete, desto mehr glaubte ich Goethe zu verstehen.
Ich versuchte ein Licht zu finden, das auch die Räume
in Goethes Seele durchleuchtet, die ihm selbst dunkel
geblieben sind. Zwischen den Zeilen seiner Werke
wollte ich lesen, was mir ihn ganz verständlich machen
sollte. Die Kräfte seines Geistes, die ihn beherrschten,
deren er sich aber nicht selbst bewufst wurde, suchte
ich zu entdecken. Die wesentlichen Charakterzüge
seiner Seele wollte ich durchschauen.

Unsere Zeit liebt es die Ideen da, wo von psycho-
logischer Betrachtung einer Persönlichkeit die Rede
ist, in einem mystischen Halbdunkel zu lassen. Die
gedankliche Klarheit in solchen Dingen wird gegenwärtig als nüchterne Verstandesweisheit verachtet.
Man glaubt tiefer zu dringen, wenn man von mystischen Abgründen des Seelenlebens, von dämonischen
Gewalten innerhalb der Persönlichkeit spricht. Ich
mufs gestehen, dafs mir diese Schwärmerei für mysti-

sche Psychologie als Oberflächlichkeit erscheint. Sie ist bei Menschen vorhanden, in denen der Inhalt der Ideenwelt keine Empfindungen erzeugt. Sie können in die Tiefen dieses Inhaltes nicht hinabsteigen, sie fühlen die Wärme nicht, die von ihm ausströmt. Deshalb suchen sie diese Wärme in der Unklarheit. Wer im stande ist, sich einzuleben in die hellen Sphären der reinen Gedankenwelt, der empfindet in ihnen das, was er sonst nirgends empfinden kann. Persönlichkeiten wie die Goethes kann man nur erkennen, wenn man die Ideen, von denen sie beherrscht sind, in ihrer lichten Klarheit in sich aufzunehmen vermag. Wer die Mystik in der Psychologie liebt, wird vielleicht meine Betrachtungsweise kalt finden. Ob es aber meine Schuld ist, daſs ich das Dunkle und Unbestimmte nicht mit dem Tiefsinnigen für ein und dasselbe halten kann? So rein und klar, wie mir die Ideen erschienen sind, die in Goethe als wirksame Kräfte gewaltet haben, versuche ich sie darzustellen. Vielleicht findet auch mancher die Linien, die ich gezogen habe, die Farben, die ich aufgetragen habe, zu einfach. Ich meine aber, daſs man das Groſse am besten charakterisiert, wenn man es in seiner monumentalen Einfachheit darzustellen versucht. Die kleinen Schnörkel und Anhängsel verwirren nur die Betrachtung. Nicht auf nebensächliche Gedanken, zu denen er durch dieses oder jenes Erlebnis von untergeordneter Bedeutung veranlaſst worden ist, kommt es mir bei Goethe an, sondern auf die Grundrichtung seines Geistes. Mag dieser Geist auch da und dort Seitenwege einschlagen: e i n e Haupttendenz ist immer zu erkennen. Und sie habe ich verfolgt. Wer da meint, daſs die Regionen, durch die

ich gegangen bin, eisig sind, der hat sein Herz zu
Hause gelassen.

Will man mir den Vorwurf machen, daſs ich nur
diejenigen Seiten der Goetheschen Weltanschauung
schildere, auf die mich mein eigenes Denken und Empfinden weist, so kann ich nichts erwidern, als daſs
ich eine fremde Persönlichkeit nur so ansehen will, wie
sie mir nach meiner eigenen Wesenheit erscheinen muſs.
Die Objectivität derjenigen Darsteller, die sich selbst
verleugnen wollen, wenn sie fremde Ideen schildern,
schätze ich nicht hoch. Ich glaube, sie kann nur matte
und farbenblasse Bilder malen. Ein Kampf liegt jeder
wahren Darstellung einer fremden Weltanschauung zu
Grunde. Und der völlig Besiegte wird nicht der beste
Darsteller sein. Die fremde Macht muſs Achtung er-
zwingen; aber die eigenen Waffen müssen ihren Dienst
tun. Ich habe deshalb rückhaltlos ausgesprochen, daſs
nach meiner Ansicht die Goethesche Denkweise Grenzen
hat. Daſs es Erkenntnisgebiete gibt, die ihr verschlossen geblieben sind. Ich habe gezeigt, welche
Richtung die Beobachtung der Welterscheinungen
nehmen muſs, wenn sie in die Gebiete dringen will,
die Goethe nicht betreten hat, oder auf denen er,
wenn er sich in sie begeben hat, unsicher herum-
geirrt ist. So interessant es ist, einem groſsen Geiste
auf seinen Wegen zu folgen; ich möchte jedem nur
so weit folgen, als er mich selbst fördert. Denn nicht
die Betrachtung, die Erkenntnis, sondern das Leben,
die eigene Tätigkeit ist das Wertvolle. Der reine
Historiker ist ein schwacher, ein unkräftiger Mensch.
Die historische Erkenntnis raubt die Energie und
Spannkraft des eigenen Wirkens. Wer alles verstehen

will, wird selbst wenig sein. Was fruchtbar ist, allein ist wahr, hat Goethe gesagt. Soweit Goethe für unsere Zeit fruchtbar ist, soweit soll man sich in seine Gedanken- und Empfindungswelt einleben. Und ich glaube, aus der folgenden Darstellung wird hervorgehen, daſs unzählige noch ungehobene Schätze in dieser Gedanken- und Empfindungswelt verborgen liegen. Ich habe auf die Stellen hingedeutet, an denen die moderne Wissenschaft hinter Goethe zurückgeblieben ist. Ich habe von der Armut der gegenwärtigen Ideenwelt gesprochen und ihr den Reichtum und die Fülle der Goetheschen entgegengehalten. In Goethes Denken sind Keime, welche die moderne Naturwissenschaft zur Reife bringen sollte. Für sie könnte dieses Denken vorbildlich sein. Sie hat einen gröſseren Beobachtungsstoff als Goethe. Aber sie hat diesen Stoff nur mit spärlichem und unzureichendem Ideengehalt durchsetzt. Ich hoffe, daſs aus meinen Ausführungen hervorgeht, wie wenig Eignung die moderne naturwissenschaftliche Denkweise dazu besitzt, Goethe zu kritisieren, und wie viel sie von ihm lernen könnte.

Rudolf Steiner.

Inhalt.

GOETHES

WELTANSCHAUUNG.

VON

RUDOLF STEINER.

WEIMAR

VERLAG VON EMIL FELBER

1897.

Einleitung.

Will man Goethes Weltanschauung verstehen, so darf man sich nicht damit begnügen, hinzuhorchen, was er selbst in einzelnen Aussprüchen über sie sagt. In kristallklaren Sätzen den Kern seines Wesens auszusprechen, lag nicht. in seiner Natur. Er hatte eine gewisse Scheu davor, das Lebendige, die Wirklichkeit in einem durchsichtigen Gedanken festzuhalten. Sein Innenleben, seine Beziehungen zur Aufsenwelt, seine Beobachtungen über die Dinge und Ereignisse waren zu reich, zu erfüllt von zarten Bestandteilen, von intimen Elementen, um von ihm selbst in einfache Formeln gebracht zu werden. Er spricht sich aus, wenn ihn dieses oder jenes Erlebnis dazu drängt. Aber er sagt immer zu viel oder zu wenig. Die lebhafte Anteilnahme an allem, was an ihn herankommt, bestimmt ihn oft, schärfere Ausdrücke zu gebrauchen, als es seine Gesamtnatur verlangt. Sie verführt ihn ebenso oft, sich unbestimmt zu äufsern, wo ihn sein Wesen zu einer bestimmten Meinung nötigen könnte. Er ist immer ängstlich, wenn es sich darum handelt, zwischen zwei Ansichten zu entscheiden. Er will sich die Unbefangenheit nicht dadurch rauben, daſs er seinen Gedanken eine scharfe Richtung giebt. Er beruhigt sich bei dem Gedanken: „Der Mensch ist nicht geboren, die Probleme der Welt zu lösen, wohl aber zu suchen, wo das Problem angeht, und sich sodann in der Grenze des Begreiflichen zu halten." Ein Problem, das der Mensch gelöst zu haben glaubt, entzieht ihm die Möglichkeit, tausend Dinge klar zu sehen, die in den Bereich dieses Problemes fallen. Er achtet auf sie nicht mehr, weil er über das Gebiet aufgeklärt zu sein glaubt, in das sie fallen. Goethe möchte lieber zwei Meinungen über eine Sache haben, die einander entgegengesetzt sind, als e i n e bestimmte. Denn jedes Ding scheint ihm eine Unendlichkeit einzuschlieſsen, der man sich von verschiedenen Seiten nähern muſs, um von ihrer ganzen Fülle etwas wahrzunehmen. „Man sagt, zwischen zwei entgegengesetzten Meinungen liegt die Wahrheit mitten inne. Keineswegs! Das Problem liegt dazwischen, das Unschaubare, das ewig thätige Leben, in Ruhe gedacht." Goethe will seine Gedanken lebendig erhalten, damit er in jedem Augenblicke sie umwandeln kann, wenn die Wirklichkeit ihn dazu veranlaſst. Er will nicht recht haben; er will stets nur aufs „Rechte losgehen". In zwei verschiedenen Zeitpunkten spricht er sich über dieselbe Sache verschieden aus. Eine feste Theorie, die ein für allemal die Gesetzmäſsigkeit einer Reihe von Erscheinungen zum Ausdruck bringen will, ist ihm widerlich.

Wenn man dennoch die Einheit seiner Anschauungen überschauen will, so muſs man weniger

auf seine Worte hören als auf seine Lebensführung
sehen. Man muſs sein Verhältnis zu den Dingen
belauschen, wenn er ihrem Wesen nachforscht und
dabei das ergänzen, was er selbst nicht sagt. Man
muſs auf das Innerste seiner Persönlichkeit eingehen,
das sich zum gröſsten Teile hinter seinen Äuſserungen verbirgt. Was er sagt, mag sich oft widersprechen; was er lebt, gehört immer einem widerspruch-
losen Ganzen an. Hat er seine Weltanschauung auch
nicht in einem geschlossenen System aufgezeichnet;
er hat sie in einer geschlossenen Persönlichkeit dar-
gelebt. Wenn wir auf sein Leben sehen, so lösen sich
alle Widersprüche in seinem Reden. Er hat über die
Natur dies und jenes gesagt. In einem festgefügten Gedankengebäude hat er seine Naturanschauung niemals
niedergelegt. Aber wenn wir seine einzelnen Gedanken auf diesem Gebiete überblicken, so schlieſsen
sie sich von selbst zu einem Ganzen zusammen. Man
kann sich eine Vorstellung davon machen, welches
Gedankengebäude entstanden wäre, wenn er seine Ansichten im Zusammenhang vollständig dargestellt hätte.
Ich habe mir vorgesetzt, in dieser Schrift zu schildern,
wie Goethes Persönlichkeit in ihrem innersten Wesen
geartet gewesen sein muſs, um über die Erscheinungen
der Natur solche Gedanken äuſsern zu können, wie er
sie in seinen naturwissenschaftlichen Arbeiten niedergelegt hat. Daſs manchem von dem, was ich sagen
werde, Goethesche Sätze entgegengehalten werden
können, die ihm widersprechen, weiſs ich. Es handelt
sich mir aber in dieser Schrift nicht darum, eine
Entwicklungsgeschichte seiner Aussprüche zu geben,
sondern darum, die Grundlagen seiner Persönlichkeit

darzustellen, die ihn zu seinen tiefen Einsichten in das Schaffen und Wirken der Natur führten. Nicht aus den zahlreichen Sätzen, in denen er Konzessionen an andere Denkweisen macht, oder in denen er sich der Formeln bedient, welche der eine oder der andere Philosoph gebraucht hat, lassen sich diese Grundlagen erkennen. Aus den Äußerungen zu Eckermann könnte man sich einen Goethe konstruieren, der nie die Metamorphose der Pflanzen hätte schreiben können. An Zelter hat Goethe manches Wort gerichtet, das verführen könnte, auf eine wissenschaftliche Gesinnung zu schließen, die seinen großen Gedanken über die Bildung der Tiere widerspricht. Ich gebe zu, daß in Goethes Persönlichkeit auch Kräfte gewirkt haben, die ich nicht berücksichtigt habe. Aber diese Kräfte treten zurück hinter den eigentlich bestimmenden, die seiner Weltanschauung das Gepräge geben. Diese bestimmenden Kräfte so scharf zu charakterisieren, als mir möglich ist, habe ich mir zur Aufgabe gestellt.

Goethes Stellung innerhalb der abendländischen Gedankenentwickelung.

Goethe und Schiller.

Goethe erzählt von einem Gespräch, das sich einstmals zwischen ihm und Schillern entspann, nachdem beide einer Sitzung der naturforschenden Gesellschaft in Jena beigewohnt hatten. Schiller zeigte sich wenig befriedigt von dem, was in der Sitzung vorgebracht worden war. Eine zerstückelte Art, die Natur zu betrachten, war ihm entgegengetreten. Und er bemerkte, daſs eine solche den Laien keineswegs anmuten könne. Goethe erwiderte, daſs sie „den Eingeweihten selbst vielleicht unheimlich bliebe, und daſs es noch eine andere Weise geben könne, die Natur nicht gesondert und vereinzelt, sondern sie wirkend und lebendig, aus dem Ganzen in die Teile strebend darzustellen". Und nun entwickelte Goethe die groſsen Ideen, die ihm über die Pflanzennatur aufgegangen waren. Er zeichnete „mit manchen charakteristischen Federstrichen eine symbolische Pflanze" vor Schillers Augen. Diese symbolische Pflanze sollte die Wesenheit ausdrücken, die in jeder einzelnen Pflanze lebt, was für besondere Formen diese auch annimmt. Sie sollte das successive Werden der einzelnen Pflanzen-

teile, ihr Hervorgehen auseinander und ihre Verwandtschaft untereinander zeigen. Über diese symbolische
Pflanzengestalt schrieb Goethe am 17. April 1787 in
Palermo die Worte nieder: „Eine solche muſs es doch
geben; woran würde ich sonst erkennen, daſs dieses
oder jenes Gebilde eine Pflanze sei, wenn sie nicht
alle nach einem Muster gebildet wären." Die Vorstellung einer plastisch-ideellen Form, die dem Geiste
sich offenbart, wenn er die Mannigfaltigkeit der
Pflanzengestalten überschaut und ihr Gemeinsames beachtet, hatte Goethe in sich ausgebildet. Schiller betrachtete dieses Gebilde, das nicht in einer einzelnen,
sondern in allen Pflanzen leben sollte, und sagte kopf-
schüttelnd: „Das ist keine Erfahrung, das ist eine
Idee." Wie aus einer fremden Welt kommend, erschienen Goethe diese Worte. Er war sich bewuſst,
daſs er zu seiner symbolischen Gestalt durch dieselbe
Art naiver Wahrnehmung gelangt war wie zu der
Vorstellung eines Dinges, das man mit Augen sehen
und mit Händen greifen kann. Wie die einzelne
Pflanze, so war für ihn die symbolische oder Urpflanze
ein objektives Wesen. Nicht einer willkürlichen Spekulation, sondern unbefangener Beobachtung glaubte
er sie zu verdanken. Er konnte nichts entgegnen
als: „Das kann mir sehr lieb sein, wenn ich Ideen
habe, ohne es zu wissen, und sie sogar mit Augen
sehe." Und er war ganz unglücklich, als Schiller
daran die Worte knüpfte: „Wie kann jemals eine Erfahrung gegeben werden, die einer Idee angemessen
sein sollte. Denn darin besteht das Eigentümliche
der letzteren, daſs ihr niemals eine Erfahrung kon-
gruieren könne."

Zwei entgegengesetzte Weltanschauungen stehen in diesem Gespräche einander gegenüber. Goethe sieht in der Idee eines Dinges ein Element, das in demselben unmittelbar gegenwärtig ist, in ihm wirkt und schafft. Ein einzelnes Ding nimmt, nach seiner Ansicht, bestimmte Formen aus dem Grunde an, weil die Idee sich in dem gegebenen Falle in einer besonderen Weise ausleben muſs. Es hat für Goethe keinen Sinn zu sagen, ein Ding entspricht der Idee nicht. Denn das Ding kann nichts anderes sein, als das, wozu es die Idee gemacht hat. Anders denkt Schiller. Ihm sind Ideenwelt und Erfahrungswelt zwei getrennte Reiche. Der Erfahrung gehören die mannigfaltigen Dinge und Ereignisse an, die den Raum und die Zeit erfüllen. Ihr steht das Reich der Ideen gegenüber, als eine andersgeartete Wirklichkeit, dessen sich die Vernunft bemächtigt. Von zwei Welten flieſsen dem Menschen seine Erkenntnisse zu, von auſsen durch Beobachtung und von innen durch das Denken. Für Goethe giebt es nur e i n e Quelle der Erkenntnis, die Erfahrungswelt, in welcher die Ideenwelt eingeschlossen ist.

Schillers Anschauung ist hervorgegangen aus der Philosophie seiner Zeit. Die grundlegenden Vorstellungen, welche dieser Philosophie ihr Gepräge gegeben haben, und welche treibende Kräfte der ganzen abendländischen Geistesbildung geworden sind, muſs man im griechischen Altertume suchen. In einem verhängnisvollen Augenblicke bemächtigte sich eines griechischen Denkers ein Miſstrauen in die menschlichen Sinnesorgane. Er fing an zu glauben, daſs diese Organe dem Menschen nicht die Wahrheit überliefern sondern dafs sie ihn täuschen. Er verlor das Vertrauen zu dem, was die naive, unbefangene Beobachtung darbietet. Er fand, dafs das Denken über die wahre Wesenheit der Dinge andere Aussagen mache als die Erfahrung. Es wird schwer sein zu sagen, in welchem Kopfe sich dieses Mifstrauen zuerst festsetzte. Man begegnet ihm in der eleatischen Philosophenschule, deren erster Vertreter der um 570 v. Chr. zu Kolophon geborene Xenophanes ist. Als die wichtigste Persönlichkeit dieser Schule erscheint Parmenides. Denn er hat mit einer Schärfe wie niemand vor ihm behauptet, es gäbe zwei Quellen der menschlichen Erkenntnis. Er hat erklärt, dafs die Eindrücke unserer Sinne Trug und Täuschung seien, und dafs der Mensch zu der Erkenntnis des Wahren nur durch das reine Denken, das auf die Erfahrung keine Rücksicht nimmt, gelangen könne. Damit hat er den auf ihn folgenden Philosophen eine Entwicklungskrankheit eingeimpft, an der die wissenschaftliche Bildung noch heute leidet.

Die platonische Weltanschauung.

Mit der ihm eigenen bewunderungswerten Kühnheit spricht Plato dieses Mifstrauen in die Erfahrung aus. „Die Dinge dieser Welt, welche unsere Sinne wahrnehmen, haben gar kein wahres Sein: sie werden immer, sind aber nie. Sie haben nur ein relatives Sein, sind insgesamt nur in und durch ihr Verhältnis zu einander; man kann daher ihr ganzes Dasein ebensowohl ein Nichtsein nennen. Sie sind folglich auch nicht Objekte einer eigentlichen Erkenntnis. Denn nur von dem, was an und für sich und immer auf gleiche Weise ist, kann es eine solche geben; sie hingegen sind nur das Objekt eines durch Empfindung veranlaſsten Dafürhaltens. So lange wir nur auf ihre Wahrnehmung beschränkt sind, gleichen wir Menschen, die in einer finsteren Höhle so fest gebunden säſsen, daſs sie auch den Kopf nicht drehen könnten und nichts sähen, als beim Lichte eines hinter ihnen brennenden Feuers, an der Wand ihnen gegenüber die Schattenbilder wirklicher Dinge, welche zwischen ihnen und dem Feuer vorübergeführt würden, und auch sogar von einander, ja jeder von sich selbst, eben nur die Schatten an jener Wand. Ihre Weisheit aber wäre, die aus Erfahrung erlernte Reihenfolge jener Schatten vorherzusagen."

In zwei Teile reiſst die platonische Anschauung die Vorstellung des Weltganzen auseinander, in die Vorstellung einer Scheinwelt und in eine andere der Ideenwelt, der allein wahre, ewige Wirklichkeit entsprechen soll. „Was allein wahrhaft seiend genannt werden kann, weil es immer ist, aber nie wird, noch vergeht: das sind die realen Urbilder jener Schattenbilder: es sind die ewigen Ideen, die Urformen aller Dinge. Ihnen kommt keine Vielheit zu; denn jedes ist seinem Wesen nach nur eines, indem es das Urbild selbst ist, dessen Nachbilder oder Schatten alle ihm gleichnamige, einzelne, vergängliche Dinge derselben Art sind. Ihnen kommt auch kein Entstehen und Vergehen zu; denn sie sind wahrhaft seiend, nie aber werdend, noch untergehend wie ihre hinschwindenden Nachbilder. Von ihnen allein daher giebt es eine eigentliche Erkenntnis, da das Objekt einer solchen nur das sein kann, was immer und in jedem Betracht ist, nicht das, was ist, aber auch wieder nicht ist, je nachdem man es ansieht."

Die Unterscheidung von Idee und Wahrnehmung hat nur eine Berechtigung, wenn von der Art gesprochen wird, wie die menschliche Erkenntnis zustande kommt. Der Mensch muſs die Dinge auf zweifache Art zu sich sprechen lassen. Einen Teil ihrer Wesenheit sagen sie ihm freiwillig. Er braucht nur hinzuhorchen. Dies ist der ideenfreie Teil der Wirklichkeit. Den andern aber muſs er ihnen entlocken. Er muſs sein Denken in Bewegung setzen, dann erfüllt sich sein Inneres mit den Ideen der Dinge. Im Innern der Persönlichkeit ist der Schauplatz, auf dem auch die Dinge ihr ideelles Innere enthüllen. Da sprechen sie aus, was der äuſseren Anschauung ewig verborgen bleibt. Das Wesen der Natur kommt hier zu Worte. Aber es liegt nur an der menschlichen Organisation, daſs durch den Zusammenklang von zwei Tönen die Dinge erkannt werden müssen. In der Natur ist e i n Erreger da, der beide Töne hervorbringt. Der unbefangene Mensch horcht auf den Zusammenklang. Er erkennt in der ideellen Sprache seines Innern die Aussagen, die ihm die Dinge zukommen lassen. Nur wer die Unbefangenheit verloren hat, der deutet die Sache anders. Er glaubt, die Sprache seines Inneren komme aus einem andern Reich als die Sprache der äuſseren Anschauung. Plato ist es zum Bewuſstsein gekommen, daſs er auf zwei Wegen von den Dingen Kunde erhält; aber er hat nicht erkannt, daſs es dieselben Dinge sind, die auf den beiden Wegen ihre Mitteilungen senden. Er hat damit dem abendländischen Denken eine Aufgabe gestellt, die vollkommen überflüssig war. Durch Jahrhunderte hindurch wurde unendlicher Scharfsinn auf die Frage verwendet: wie verhalten sich die im Innern des Menschen offenbar werdenden Ideen zu den Dingen der äuſseren Wahrnehmung? Ein groſser Teil des Inhalts aller auf die platonische folgenden Philosophieen besteht aus Lösungsversuchen dieser gar nicht vorhandenen Frage. Was das gesunde menschliche Empfinden in jedem Augenblicke lehrt: wie die Sprache der Anschauung und die des Denkens sich verbinden, um die volle Wirklichkeit zu offenbaren, das wurde von den grübelnden Denkern nicht beachtet. Statt hinzusehen, wie die Natur zu dem Menschen spricht, bildeten sie künstliche Begriffe über das Verhältnis von Ideenwelt und Erfahrung aus. Um die Sehkraft für dieses Verhältnis ganz zu lähmen, verband sich mit dem Platonismus das Christentum. Dieses religiöse Bekenntnis mit seinem Jenseitsglauben und seiner Verachtung der Sinnenwelt ist nur eine volkstümliche Form des Platonismus. Es macht eine nach menschlichem Bilde gedachte persönliche Wesenheit zum Urheber der Welt. Die christlichen Kirchenväter versetzen einfach die platonische Ideenwelt in den Geist dieses persönlichen Gottes. In diesem Geiste sind die Urbilder, die Muster aller Dinge enthalten, und Gott hat die Welt nach diesen Urbildern geschaffen und regiert sie ihnen gemäſs. Die Welt ist nur der unvollkommene Abglanz

der in Gott ruhenden vollkommenen Ideenwelt. Der
wahrhaft Fromme soll sich nicht viel mit diesem Abglanz beschäftigen; er soll seine Empfindung, sein Gefühl zu Gott erheben. „Ohne jedes Schwanken wollen
wir glauben, daſs die denkende Seele nicht wesens-
gleich sei mit Gott, denn dieser gestattet keine Gemeinschaft, daſs aber die Seele erleuchtet werden
könne durch Teilnahme an der Gottesnatur," sagt der
Kirchenvater Augustinus. Ebensowenig gesteht er der
Gesamtnatur irgendwelche göttliche Wesenheit zu.
Aber die Wahrheit sucht er nur bei Gott. Frechheit
ist es, nach seiner Ansicht, zu glauben, daſs die Natur
oder die menschliche Seele göttlich sei. Nicht durch
Beobachtung der irdischen Dinge, sondern durch Versenken in die überirdische göttliche Wesenheit wird
die vernünftige Seele vollkommen. In dieser Lehre
der Kirchenväter wird der Sprache des menschlichen
Innern ein allem natürlichen Empfinden fremder Ursprung angedichtet. Nicht aus den Dingen soll diese
Sprache kommen, sondern aus dem Geiste des jenseitigen
Gottes. Die platonische Vorstellungsart hielt sich
mehr im abstrakten Elemente des Denkens auf. Das
Ungesunde derselben wäre leichter überwunden worden,
wenn nicht die platonischen Begriffe durch das Christentum das Empfindungs- und Gemütsleben ergriffen
hätten. Dieses Gemütsleben der abendländischen
Menschheit ist auf diese Weise geradezu nach der
falschen Richtung hin umorganisiert worden. Was
Plato nur gedacht hat, das haben die Kirchenväter dem
Gemüte eingepflanzt. Was aber in dem Gemüte wurzelt,
das ist viel schwerer auszurotten, als was blofs im
Verstande ruht. Deshalb ist es bis heute noch nicht

gelungen, die christlich-platonische unnatürliche Ansicht über die Wirklichkeit innerhalb der abendländischen Bildung zu überwinden.

Die Folgen der platonischen Weltanschauung.

Vergeblich hat sich Aristoteles gegen die platonische Spaltung der Weltvorstellung aufgelehnt. Er
sah in der Natur ein einheitliches Wesen, das die
Ideen ebenso enthält, wie die durch die Sinne wahrnehmbaren Dinge und Erscheinungen. Nur im menschlichen Geiste können die Ideen ein selbständiges Dasein haben. Aber in dieser Selbständigkeit kommt
ihnen keine Wirklichkeit zu. Blofs die Seele kann
sie abtrennen von den wahrnehmbaren Dingen, mit
denen zusammen sie die Wirklichkeit ausmachen.
Hätte die abendländische Philosophie an die richtig
verstandene Anschauung des Aristoteles angeknüpft, so
wäre sie bewahrt geblieben vor den Irr- und Schleich-
wegen, die sie gewandelt ist.

Aber dieser richtig verstandene Aristoteles war
der christlichen Denkweise unbequem. Mit einer Natur-
auffassung, welche das höchste wirksame Prinzip in
die Erfahrungswelt verlegt, weifs das Christentum
nichts anzufangen. Die christlichen Philosophen und
Theologen deuteten deshalb den Aristoteles um. Sie
legten seinen Ansichten einen Sinn unter, der geeignet
war, dem christlichen Dogma zur logischen Stütze zu

dienen. Nicht s u c h e n sollte der Geist in den Dingen die schaffenden Ideen. Die Wahrheit ist ja den Menschen von Gott in Form der Offenbarung mitgeteilt. Nur b e s t ä t i g e n sollte die Vernunft, was Gott geoffenbart hat. Die aristotelischen Sätze wurden von den christlichen Denkern des Mittelalters so gedeutet, daſs die religiöse Heilswahrheit durch sie ihre philosophische Bekräftigung erhielt. Nach der Auffassung Thomas' von Aquino, des bedeutendsten christlichen Denkers, enthält die Offenbarung die höchsten Wahrheiten, die Heilslehre der heiligen Schrift; aber es ist der Vernunft möglich, in aristotelischer Weise in die Dinge sich zu vertiefen und deren Ideengehalt aus ihnen herauszuholen. Die Offenbarung steigt so tief herab und die Vernunft kann sich so weit erheben, daſs die Heilslehre und die menschliche Erkenntnis an einer Grenze in einander übergehen. Die Art des Aristoteles, in die Dinge einzudringen, dient also für Thomas dazu, bis zu dem Gebiete der Offenbarung zu kommen.

*   *   *

Als mit Bacon von Verulam und Descartes eine Zeit anhob, in welcher der Wille sich geltend machte, die Wahrheit durch die eigene Kraft der menschlichen Persönlichkeit zu suchen, waren die Denkgewohnheiten so verdorben, daſs alles Streben zu nichts anderem führte als zur Aufstellung von Ansichten, die trotz ihrer scheinbaren Unabhängigkeit von der platonischen und christlichen Vorstellungswelt, doch nichts waren als neue Formen derselben. Auch Bacon und Descartes haben den bösen Blick für das Verhältnis von Erfahrung und

Idee als Erbstück einer entarteten Philosophie mitbekommen. Bacon hatte nur Sinn und Verständnis für die Einzelheiten der Natur. Durch Sammeln desjenigen, was durch die räumliche und zeitliche Mannigfaltigkeit als Gleiches oder Ähnliches sich hindurchzieht, glaubte er zu allgemeinen Regeln über das Naturgeschehen zu kommen. Goethe spricht über ihn das treffende Wort: „Denn ob er auch darauf hindeutet, man solle die Partikularien nur deswegen sammeln, damit man aus ihnen wählen, sie ordnen und endlich zu Universalien gelangen könne, so behalten doch bei ihm die einzelnen Fälle zu viele Rechte, und ehe man durch Induktion, selbst diejenige, die er anpreist, zur Vereinfachung und zum Abschluſs gelangen kann, geht das Leben weg, und die Kräfte verzehren sich.“ Für Bacon sind diese allgemeinen Regeln Mittel, durch welche es der Vernunft möglich ist, das Gebiet der Einzelheiten bequem zu überschauen. Aber er glaubt nicht, daſs diese Regeln in dem Ideengehalte der Dinge begründet und wirklich schaffende Kräfte der Natur sind. Deshalb sucht er auch nicht unmittelbar in der Einzelheit die Idee auf, sondern abstrahiert sie aus einer Vielheit von Einzelheiten. Wer nicht daran glaubt, daſs in dem einzelnen Dinge die Idee lebt, kann auch keine Neigung haben, sie in demselben zu suchen. Er nimmt das Ding so hin, wie es sich der bloſsen äuſseren Anschauung darbietet. Bacons Bedeutung ist darin zu suchen, daſs er auf die durch Plato und das Christentum herabgewürdigte äuſsere Anschauungswelt hinwies. Daſs er betonte, in ihr sei eine Quelle der Wahrheit. Er war aber nicht im Stande der Ideenwelt in gleicher Weise

zu ihrem Rechte gegenüber der Anschauungswelt zu
verhelfen. Er erklärte das Ideelle für ein subjektives Element im menschlichen Geiste. Seine Denkweise ist umgekehrter Platonismus. Plato sieht nur
in der Ideenwelt, Bacon nur in der ideenlosen Wahrnehmungswelt die Wirklichkeit. In Bacons Auffassung
liegt der Ausgangspunkt jener Denkergesinnung, von
welcher die Naturforscher bis in die Gegenwart beherrscht sind. Sie leidet an einer falschen Ansicht
über das ideelle Element der Erfahrungswelt.

* *
*

Von anderen Gesichtspunkten aus, aber nicht
minder beeinflußt durch Platos Denkungsarten, stellte
drei Jahrhunderte nach Bacon Descartes seine Betrachtungen an. Auch er krankt an der Erbsünde
des abendländischen Denkens, an dem Mißtrauen gegenüber der unbefangenen Beobachtung der Natur. Der
Zweifel an der Existenz und Erkennbarkeit der Dinge
ist der Anfang seines Forschens. Nicht auf die Dinge
richtet er den Blick, um Zugang zur Gewißheit zu er-
langen, sondern eine ganz kleine Pforte, einen Schleich-
weg im vollsten Sinne des Wortes sucht er auf. In
das intimste Gebiet des Denkens zieht er sich zurück.
Alles, was ich bisher als Wahrheit geglaubt habe,
kann falsch sein, sagt er sich. Was ich gedacht habe,
kann auf Täuschung beruhen. Aber die e i n e That-
sache bleibt doch bestehen, daß ich über die Dinge
denke. Auch wenn ich Lug und Trug denke, so
denke ich doch. Und wenn ich denke, so existiere ich
auch. Ich denke, also bin ich. Damit glaubt Des-

cartes einen festen Ausgangspunkt für alles weitere
Nachdenken gewonnen zu haben. Er fragt sich weiter:
giebt es nicht in dem Inhalte meines Denkens noch
anderes, das auf ein wahrhaftes Sein hindeutet? Und
da findet er die Idee Gottes, als eines allervollkommensten Wesens. Da der Mensch selbst unvollkommen ist:
wie kommt die Idee eines allervollkommensten Wesens
in seine Gedankenwelt? Ein unvollkommenes Wesen
kann eine solche Idee unmöglich aus sich selbst erzeugen. Denn das vollkommenste, das es zu denken
vermag, ist eben ein unvollkommenes. Es muſs also
diese Idee von dem vollkommensten Wesen selbst in
den Menschen gelegt sein. Also muſs auch Gott
existieren. Wie aber soll ein vollkommenes Wesen
uns eine Täuschung vorspiegeln? Die Aufsenwelt, die
sich uns als wirklich darstellt, muſs deshalb auch
wirklich sein. Sonst wäre sie ein Trugbild, das uns
die Gottheit vormachte. Auf diese Weise sucht Descartes das Vertrauen zur Wirklichkeit zu gewinnen,
das ihm wegen ererbter Empfindungen zuerst fehlte.
Auf einem äuſserst künstlichen Wege sucht er die
Wahrheit. Einseitig vom Denken geht er aus. Nur
dem Denken gesteht er die Kraft zu, Überzeugung
hervorzubringen. Über die Beobachtung kann nur
eine Überzeugung gewonnen werden, wenn sie durch
das Denken vermittelt wird. Die Folge dieser Ansicht war, daſs es das Streben der Nachfolger Descartes wurde, den ganzen Umfang der Wahrheiten,
die das Denken aus sich heraus entwickeln und beweisen kann, festzustellen. Die Summe aller Erkenntnisse aus reiner Vernunft wollte man finden. Von den
einfachsten unmittelbar klaren Einsichten wollte man

ausgehen, und fortschreitend den ganzen Kreis des reinen Denkens durchwandern. Nach dem Muster der Euclidischen Geometrie sollte dieses System aufgebaut werden. Denn man war der Ansicht, auch diese gehe von einfachen, wahren Sätzen aus und entwickle durch blofse Schlufsfolgerung, ohne Zuhilfenahme der Beobachtung, ihren ganzen Inhalt. Ein solches System reiner Vernunftwahrheiten zu liefern, hat Spinoza in seiner „Ethik" versucht. Eine Anzahl von Vorstellungen: Substanz, Attribut, Modus, Denken, Ausdehnung u. s. w. nimmt er vor und untersucht rein verstandesmäfsig die Beziehungen und den Inhalt dieser Vorstellungen. In dem Gedankengebäude soll das Wesen der Wirklichkeit sich aussprechen. Spinoza betrachtet nur die Erkenntnis, die durch diese wirklichkeitsfremde Thätigkeit zu Stande kommt, als eine solche, die dem wahren Wesen der Welt entspricht; die adäquate Ideen liefert. Die aus der Sinneswahrnehmung entsprungenen Ideen sind ihm inadäquat, verworren und verstümmelt. Es ist leicht einzusehen, dafs auch in dieser Vorstellungswelt die platonische Auffassungsweise von dem Gegensatz der Wahrnehmungen und der Ideen nachwirkt. Die Gedanken, die unabhängig von der Wahrnehmung gebildet werden, sind allein das Wertvolle für die Erkenntnis. Spinoza geht noch weiter. Er dehnt den Gegensatz auch auf das sittliche Empfinden und Handeln der Menschen aus. Unlustempfindungen können nur aus Ideen entspringen, die von der Wahrnehmung stammen; solche Ideen erzeugen die Begierden und Leidenschaften im Menschen, deren Sklave er werden kann, wenn er sich ihnen hingiebt. Nur was aus der Vernunft entspringt, erzeugt unbedingte Lustempfindungen. Das höchste Glück des Menschen ist daher, sein Leben in den Vernunftideen, die Hingabe an die Erkenntnis der reinen Ideenwelt. Wer überwunden hat, was aus der Wahrnehmungswelt stammt, und nur noch in der reinen Erkenntnis lebt, empfindet die höchste Seligkeit.

Nicht ganz ein Jahrhundert nach Spinoza tritt der Schotte David Hume mit einer Denkweise auf, die wieder aus der Wahrnehmung allein die Erkenntnis entspringen läfst. Nur einzelne Dinge in Raum und Zeit sind gegeben. Das Denken verknüpft die einzelnen Wahrnehmungen, aber nicht, weil in diesen selbst etwas liegt, was dieser Verknüpfung entspricht, sondern weil sich der Verstand daran gewöhnt hat, die Dinge in einen Zusammenhang zu bringen. Der Mensch ist gewohnt, zu sehen, dafs ein Ding auf ein anderes der Zeit nach folgt. Er bildet sich die Vorstellung, dafs es folgen müsse. Er macht das erste zur Ursache, das zweite zur Wirkung. Der Mensch ist ferner gewohnt, zu sehen, dafs auf einen Gedanken seines Geistes eine Bewegung seines Leibes folgt. Er erklärt sich dies dadurch, dafs er sagt, der Geist habe die Leibesbewegung bewirkt. Denkgewohnheiten, nichts weiter sind die menschlichen Ideen. Wirklichkeit haben nur die Wahrnehmungen.

*　　　　*

Die Vereinigung der verschiedensten durch die Jahrhunderte hindurch zum Dasein gelangten Denkrichtungen ist die Kant'sche Weltanschauung. Auch Kant fehlt die natürliche Empfindung für das Verhältnis von Wahrnehmung und Idee. Er lebt in philosophischen Vorurteilen, die er durch Studium seiner Vorgänger in sich aufgenommen hat. Das eine dieser Urteile ist, daſs es notwendige Wahrheiten gebe, die durch reines, von aller Erfahrung freies Denken erzeugt werden. Der Beweis davon ist, nach seiner Ansicht, durch die Existenz der Mathematik und der reinen Physik erbracht, die solche Wahrheiten enthalten. Ein anderes seiner Vorurteile besteht darin, daſs er der Erfahrung die Fähigkeit abspricht, zu gleich notwendigen Wahrheiten zu gelangen. Das Miſstrauen gegenüber der Wahrnehmungswelt ist auch in Kant vorhanden. Zu diesen seinen Denkgewohnheiten tritt bei Kant der Einfluſs Humes hinzu. Er giebt Hume Recht in Bezug auf die Behauptung, daſs die Ideen, in die das Denken die einzelnen Wahrnehmungen zusammenfaſst, nicht aus der Erfahrung stammen. Sondern daſs das Denken sie zur Erfahrung hinzufügt. Diese drei Vorurteile sind die Wurzeln des Kantschen Gedankengebäudes. Der Mensch besitzt notwendige Wahrheiten. Sie können nicht aus der Erfahrung stammen, weil diese keine solchen darbietet. Dennoch wendet sie der Mensch auf die Erfahrung an. Er verknüpft die einzelnen Wahrnehmungen diesen Wahrheiten gemäſs. Sie stammen aus dem Menschen selbst. Es liegt in seiner Natur, daſs er die Dinge in einen solchen Zusammenhang bringt, der den durch reines Denken gewonnenen Wahrheiten entspricht. Kant geht nun noch weiter. Er schreibt auch den Sinnen die Fähigkeit zu, das was ihnen von Auſsen gegeben wird, in eine bestimmte Ordnung zu bringen. Auch diese Ordnung flieſst nicht mit den

Eindrücken der Dinge von Aufsen ein. Die räumliche und die zeitliche Ordnung erhalten die Eindrücke erst durch die sinnliche Wahrnehmung. Raum und Zeit gehören nicht den Dingen an. Der Mensch ist so organisiert, dafs er, wenn die Dinge auf seine Sinne Eindrücke machen, diese in räumliche oder zeitliche Zusammenhänge bringt. Nur Eindrücke, Empfindungen erhält der Mensch von Aufsen. Die Anordnung derselben im Raum und in der Zeit, ihre Zusammenfassung zu Ideen ist sein eigenes Werk. Aber auch die Empfindungen sind nichts, was aus den Dingen stammt. Nicht die Dinge nimmt der Mensch wahr, sondern nur die Eindrücke, die sie auf ihn ausüben. Ich weifs nichts von einem Dinge, wenn ich eine Empfindung habe. Ich kann nur sagen: ich bemerke das Auftreten einer Empfindung bei mir. Durch welche Eigenschaften das Ding befähigt ist, in mir die Empfindungen hervorrufen, darüber kann ich nichts erfahren: Der Mensch hat es, nach Kants Meinung, nicht mit den Dingen an sich zu thun, sondern nur mit den Eindrücken, die sie auf ihn machen und mit den Zusammenhängen, in die er selbst diese Eindrücke bringt. Nicht objektiv von Aufsen aufgenommen, sondern nur auf äufsere Veranlassung hin, subjektiv von innen erzeugt, ist die Erfahrungswelt. Das Gepräge, das sie trägt, geben ihr nicht die Dinge, sondern die menschliche Organisation. Sie ist folglich als solche unabhängig von dem Menschen gar nicht vorhanden. Von diesem Standpunkte aus ist die Annahme notwendiger, von der Erfahrung unabhängiger Wahrheiten möglich. Denn diese Wahrheiten beziehen sich blofs auf die Art, wie der Mensch von sich selbst aus seine Erfahrungswelt bestimmt. Sie enthalten die Gesetze seiner Organisation. Sie haben keinen Bezug auf die Dinge an sich selbst. Kant hat also einen Ausweg gefunden, der es ihm gestattet, bei seinem Vorurteile stehen zu bleiben, daſs es notwendige Wahrheiten gebe, die für den Inhalt der Erfahrungswelt gelten, ohne doch daraus zu stammen. Allerdings muſste er, um diesen Ausweg zu finden, sich zu der Ansicht entschlieſsen, daſs der menschliche Geist unfähig sei, irgend etwas über die Dinge an sich zu wissen. Er muſste alles Erkennen auf die Erscheinungswelt einschränken, welche die menschliche Organisation aus sich herausspinnt infolge der von den Dingen verursachten Eindrücke. Aber was kümmerte Kant das Wesen der Dinge an sich, wenn er nur die ewigen, notwendig-giltigen Wahrheiten in dem Sinne retten konnte, wie er sich dieselben vorstellte. Der Platonismus hat in Kant eine böse Frucht hervorgebracht. Plato hat sich von der Wahrnehmung abgewendet und den Blick auf die ewigen Ideen gerichtet, weil ihm jene das Wesen der Dinge nicht auszusprechen schien. Kant aber verzichtet darauf, dass die Ideen eine wirkliche Einsicht in das Wesen der Welt eröffnen, wenn ihnen nur die Eigenschaft des Ewigen und Notwendigen verbleibt. Plato hält sich an die Ideenwelt, weil er glaubt, daſs das wahre Wesen der Welt ewig, unzerstörbar, unwandelbar sein muſs, und er diese Eigenschaften nur den Ideen zusprechen kann. Kant ist zufrieden, wenn er nur diese Eigenschaften von den Ideen behaupten kann. Sie brauchen dann gar nicht mehr das Wesen der Welt auszusprechen.

*　　*　　*

Zu den philosophischen Vorurteilen Kants kamen seine religiösen. Das Christentum kann sich nicht begnügen mit den beiden Elementen der Wirklichkeit, mit der Wahrnehmung und den Ideen. Es braucht eine jenseitige Welt, ein göttliches Wesen. In Kant lebten die christlichen Empfindungen. In ihm lebte der Glaube an Gott. Zugleich aber sah er ein, daſs alle Beweise, die seine Vorgänger vorgebracht hatten, um das Dasein Gottes zu beweisen, Sophistereien sind. Er erkannte, daſs es keinen Weg giebt, um aus dem reinen Denken heraus zu der Überzeugung von diesem Dasein zu gelangen. Das Natürliche wäre nun gewesen, auf den Gottesbegriff bei Erklärung der Welt ganz zu verzichten und zu untersuchen, was sich aus Wahrnehmung und Denken allein ergibt. Dies war Kant wegen seiner christlichen Gesinnung nicht möglich. Er wollte den Gottesbegriff und auch andere christliche Glaubensvorstellungen den Menschen erhalten, obgleich ihm klar war, daſs die Vernunft mit ihnen nichts zu thun hat. Dies konnte er erreichen, wenn er der Vernunft die Fähigkeit absprach, über das wahre Wesen des Daseins Aufklärung zu geben. Die Dinge an sich sind dem menschlichen Erkennen unzugänglich. Folglich gehören der Gottesbegriff und die anderen christlichen Vorstellungen nicht in den Bereich dessen, was mit der Vernunft zu umfassen ist. Die Beweise für die religiösen Wahrheiten müssen scheitern, nicht weil diese Wahrheiten nicht bestehen, sondern weil das menschliche Erkennen nicht bis zu ihnen hinanreicht. Kant wollte diese Wahrheiten vor den Anfechtungen der Vernunft ein für alle mal bewahren. Nicht um das religiöse Dogma zu zerstören, hat Kant sein Gedankengebäude aufgestellt, sondern um es fester zu begründen. Die Kantsche Philosophie ist keine Feindin, sondern die beste Freundin der christlichen und jeder Religion. In dem Gebiete der Dinge an sich können sich Wesen aller Arten befinden. Die Erkenntnis kann nichts darüber ausmachen. Und wenn der Glaube kommt und erklärt, er habe Gründe das dem Wissen unbekannte Gebiet mit diesen oder jenen Wesenheiten erfüllt zu denken, so kann keine Vernunft dagegen etwas einwenden.

*   *

Nicht durch Hinwegräumung alter Irrtümer, nicht durch eine freie, ursprüngliche Vertiefung in die Wirklichkeit ist die Kantsche Weltanschauung entstanden, sondern durch logische Verschmelzung anerzogener und ererbter philosophischer und religiöser Vorurteile. Sie konnte nur aus einem Geiste entspringen, in dem der Sinn für das lebendige Schaffen innerhalb der Natur unentwickelt geblieben ist. Und sie konnte nur auf solche Geister wirken, die an dem gleichen Mangel litten. Aus dem weitgehenden Einflusse, den Kants Denkweise auf seine Zeitgenossen ausübte, ist zu ersehen, wie stark diese in dem Banne platonischer Vorstellungen standen.

Goethe und die platonische Weltansicht.

Ich habe die Gedankenentwickelung von Platos bis zu Kants Zeit geschildert, um zeigen zu können, welche Eindrücke Goethe empfangen mußte, wenn er sich an die Philosophen wandte, um sein so starkes Erkenntnisbedürfnis zu befriedigen. Auf die unzähligen Fragen, zu denen ihn seine Natur drängte, fand er in den Philosophien keine Antworten. Ja, es zeigte sich, so oft er sich in die Weltanschauung eines Philosophen vertiefte, ein Gegensatz zwischen der Richtung, die seine Fragen einschlugen und der Gedankenwelt, bei der er sich Rat holen wollte. Der Grund liegt darin, daß die platonische Trennung von Idee und Erfahrung seiner Natur zuwider war. Wenn er die Natur beobachtete, so brachte sie ihm die Ideen entgegen. Er konnte sie deshalb nur ideenerfüllt denken. Eine Ideenwelt, welche die Dinge der Natur nicht durchdringt, ihr Entstehen und Vergehen, ihr Werden und Wachsen nicht hervorbringt, ist ihm ein kraftloses Gedankengespinnst. Das logische Fortspinnen von Gedankenreihen, ohne Versenkung in das wirkliche Leben und Schaffen der Natur erscheint ihm unfruchtbar. Denn er fühlt sich mit der Natur innig verwachsen. Er betrachtet sich als ein lebendiges Glied der Natur. Was in seinem Geiste entsteht, das hat, nach seiner Ansicht die Natur in ihm entstehen lassen. Der Mensch soll sich nicht in eine Ecke stellen und glauben, daß er da aus sich heraus ein Gedankengewebe spinnen könne, das über das Wesen der Dinge aufklärt. Er soll den Strom des Weltgeschehens beständig durch sich durchfliefsen lassen. Dann wird er fühlen, dafs die Ideenwelt nichts anderes ist, als die schaffende und thätige Gewalt der Natur. Er wird nicht über den Dingen stehen wollen, um über sie nachzudenken, sondern er wird sich in ihre Tiefen eingraben und aus ihnen herausholen, was in ihnen lebt und wirkt.

Zu solcher Denkweise führte Goethe seine Künstlernatur. Mit derselben Notwendigkeit, mit der eine Blume blüht, fühlte er seine dichterischen Erzeugnisse aus seiner Persönlichkeit herauswachsen. Die Art, wie der Geist in ihm das Kunstwerk hervorbrachte, schien ihm nicht verschieden von der zu sein, wie die Natur ihre Geschöpfe erzeugt. Und wie im Kunstwerke das geistige Element von der geistlosen Materie nicht zu trennen ist, so war es ihm auch unmöglich bei einem Dinge der Natur die Wahrnehmung ohne die Idee vorzustellen. Fremd blickte ihn daher eine Anschauung an, die in der Wahrnehmung nur etwas Unklares, Verworrenes erblickte und die Ideenwelt abgesondert, gereinigt von aller Erfahrung betrachten wollte. Er fühlte in jeder Weltanschauung, in der platonische Gedankenelemente lebten, etwas naturwidriges. Deshalb konnte er bei den Philosophen nicht finden, was er bei ihnen suchte. Er suchte die Ideen, die in den Dingen leben, und die alle Einzelheiten der Erfahrung als hervorwachsend aus einem lebendigen Ganzen erscheinen lassen, und die Philosophen lieferten ihm Gedankenhülsen, die sie nach logischen Grundsätzen zu Systemen verbunden hatten. Immer wieder fand er sich auf sich selbst zurückgewiesen, wenn er bei Andern Aufklärung suchte über die Rätsel, die ihm die Natur aufgab.

* * *

Es gehört zu den Dingen, an denen Goethe vor seiner italienischen Reise gelitten hat, daſs sein Erkenntnisbedürfnis keine Befriedigung finden konnte. In Italien konnte er sich eine Ansicht bilden über die Triebkräfte, aus denen die Kunstwerke hervorgehen. Er erkannte, daſs in den vollendeten Kunstwerken das enthalten ist, was die Menschen als Göttliches, als Ewiges verehren. Nach dem Anblicke von künstlerischen Schöpfungen, die ihn besonders interessieren, schreibt er die Worte nieder: „Die hohen Kunstwerke sind zugleich als die höchsten Naturwerke von Menschen nach wahren und natürlichen Gesetzen hervorgebracht worden. Alles Willkürliche, Eingebildete fällt zusammen; da ist Notwendigkeit, da ist Gott." Die Kunst der Griechen entlockt ihm den Ausspruch: „Ich habe die Vermutung, daſs die Griechen nach den Gesetzen verfuhren, nach welchen die Natur selbst verfährt und denen ich auf der Spur bin." Was Plato in der Ideenwelt zu finden glaubte, was die Philosophen Goethe nie nahe bringen konnten, das blickt ihm aus den Kunstwerken Italiens entgegen. In der Kunst offenbart sich für Goethe zuerst das in vollkommener Gestalt, was er als die Grundlage der Erkenntnis ansehen kann. Er erblickt in der künstlerischen Produktion eine Art und höhere Stufe des Naturwirkens; künstlerisches Schaffen ist ihm gesteigertes Naturschaffen. Er hat das in seiner Charakteristik Winkelmanns später ausgesprochen. „Indem der Mensch auf den Gipfel der Natur gestellt ist, so sieht er sich wieder als eine ganze Natur an, die in sich abermals einen Gipfel hervorzubringen hat. Dazu steigert er sich, indem er sich mit allen Vollkommenheiten und Tugenden durchdringt, Wahl, Ordnung, Harmonie und Bedeutung aufruft und sich endlich zur Produktion des Kunstwerkes erhebt.“ Nicht auf dem Wege logischer Schlußfolgerung, sondern durch Betrachtung des Wesens der Kunst gelangt Goethe zu seiner Weltanschauung. Und was er in der Kunst gefunden hat, das sucht er auch in der Natur.

Die Thätigkeit, durch die sich Goethe in den Besitz einer Naturerkenntnis setzt, ist nicht wesentlich von der künstlerischen verschieden. Beide gehen in einander über und greifen über einander. Der Künstler muſs, nach Goethes Ansicht, gröſser und entschiedener werden, wenn er zu seinem „Talente noch ein unterrichteter Botaniker ist, wenn er, von der Wurzel an, den Einfluſs der verschiedenen Teile auf das Gedeihen und den Wachstum der Pflanze, ihre Bestimmung und wechselseitige Wirkung erkennt, wenn er die successive Entwicklung der Blumen, Blätter, Befruchtung, Frucht und des neuen Keimes einsieht und überdenkt. Er wird alsdann nicht bloſs durch die Wahl aus den Erscheinungen seinen Geschmack zeigen, sondern er wird uns auch durch eine richtige Darstellung der Eigenschaften zugleich in Verwunderung setzen und belehren.“ Das Kunstwerk ist demnach um so vollkommener, je mehr in ihm dieselbe Gesetzmäſsigkeit zum Ausdruck kommt, die in dem Naturwerke enthalten ist, dem es entspricht. Es giebt nur ein einheitliches Reich der Wahrheit, und dieses umfaſst Kunst und Natur. Daher kann auch die Fähigkeit des künstlerischen Schaffens von der des Naturerkennens nicht wesentlich verschieden sein. Vom Stil des Künstlers sagt Goethe, daſs er „auf den tiefsten Grundfesten der Erkenntnis ruhe, auf dem Wesen der Dinge, insofern uns erlaubt ist, es in sichtbaren und greifbaren Gestalten zu erkennen“. Die aus platonischen Vorstellungen hervorgegangene Weltbetrachtung zieht eine scharfe Grenzlinie zwischen Wissenschaft und Kunst. Die künstlerische Thätigkeit läſst sie auf der Phantasie, auf dem Gefühle beruhen; die wissenschaftlichen Ergebnisse sollen das Resultat einer Phantasie-freien Begriffsentwicklung sein. Goethe stellt sich die Sache anders vor. Für ihn ergiebt sich, wenn er das Auge auf die Natur richtet, eine Summe von Ideen; aber er findet, daſs in dem einzelnen Erfahrungsgegenstande der ideelle Bestandteil nicht abgeschlossen ist; die Idee weist über das Einzelne hinaus auf verwandte Gegenstände, in denen sie auf ähnliche Weise zur Erscheinung kommt. Der philosophierende Beobachter hält diesen ideellen Bestandteil fest und bringt ihn in seinen Gedankenwerken unmittelbar zum Ausdrucke. Auch auf den Künstler wirkt dieses Ideelle. Aber es treibt ihn, ein Werk zu gestalten, in dem die Idee nicht bloſs wie in einem Naturwerke wirkt, sondern zur gegenwärtigen Erscheinung wird. Was in dem Naturwerke bloss ideell ist und sich dem geistigen Auge des Beobachters enthüllt, das wird in dem Kunstwerke real, wird wahrnehmbare Wirklichkeit. Der Künstler verwirklicht die Ideen der Natur. Er braucht sich aber diese nicht in Form der Ideen zum Bewusstsein zu bringen. Wenn er ein Ding oder ein Ereignis betrachtet, so gestaltet sich in seinem Geiste unmittelbar ein anderes, das in realer Erscheinung enthält was jene nur als Idee. Der Künstler liefert Bilder der Naturwerke, welche deren Ideengehalt in einen Wahrnehmungsgehalt umsetzen. Der Philosoph zeigt, wie sich die Natur der denkenden Betrachtung darstellt; der Künstler zeigt, wie die Natur aussehen würde, wenn sie ihre wirkenden Kräfte nicht bloſs dem Denken, sondern auch der Wahrnehmung offen entgegenbrächte. Es ist eine und dieselbe Wahrheit, die der Philosoph in Form des Gedankens; der Künstler in Form des Bildes darstellt. Beide unterscheiden sich nur durch ihre Ausdrucksmittel.

*　*　*

Die Einsicht in das wahre Verhältnis von Idee und Erfahrung, die sich Goethe in Italien angeeignet hat, ist nur die Frucht aus dem Samen, der in seiner Naturanlage verborgen war. Die italienische Reise brachte ihm jene Sonnenwärme, die geeignet war, den Samen zur Reife zu bringen. In dem Aufsatz „die Natur“, der 1782 im Tiefurter Journal erschienen ist, und der Goethe zum Urheber hat (vgl. meinen Nachweis von Goethes Urheberschaft im VII. Bande der Schriften der Goethe-Gesellschaft), finden sich schon die Keime der späteren Goetheschen Weltanschauung. Was hier dunkle Empfindung ist, wird später klarer deutlicher Gedanke. „Natur! Wir sind von ihr um-

geben und umschlungen — unvermögend, aus ihr
herauszutreten, und unvermögend, tiefer in sie hinein-
zukommen. Ungebeten und ungewarnt nimmt sie uns
in den Kreislauf ihres Tanzes auf und treibt sich mit
uns fort, bis wir ermüdet sind und ihrem Arme ent-
fallen Gedacht hat sie (die Natur) und sinnt
beständig; aber nicht als ein Mensch, sondern als
Natur Sie hat keine Sprache noch Rede, aber sie
schafft Zungen und Herzen, durch die sie
fühlt und spricht Ich sprach nicht von ihr.
Nein, was wahr ist und falsch ist, alles hat sie gesprochen. Alles ist ihre Schuld, alles ist ihr Ver-
dienst! —" Als Goethe diese Sätze niederschrieb, war
ihm noch nicht klar, wie die Natur durch den Menschen
ihre ideelle Wesenheit ausspricht; daß es aber die
Stimme der Natur ist, die im Geiste ertönt, das
fühlte er.

* * *

In Italien fand Goethe die geistige Atmosphäre,
in der sich seine Erkenntnisorgane ausbilden konnten,
wie sie es ihren Anlagen gemäß mußten, wenn er zur
vollen Befriedigung kommen sollte. In Rom hat er
„über Kunst und ihre theoretischen Forderungen mit
Moriz viel verhandelt"; auf der Reise hat sich in
ihm bei Beobachtung der Pflanzenmetamorphose eine
naturgemäße Methode ausgebildet, die sich später für
die Erkenntnis der ganzen organischen Natur fruchtbar
erwiesen hat. „Denn als die Vegetation mir Schritt für
Schritt ihr Verfahren vorbildete, konnte ich nicht
irren, sondern mußte, indem ich sie gewähren ließ,
die Wege und Mittel anerkennen, wie sie den einge-

hülltesten Zustand zur Vollendung nach und nach gewähren liefs." Wenige Jahre nach seiner Rückkehr aus Italien gelang es ihm, auch für die Betrachtung der unorganischen Natur ein aus seinen geistigen Bedürfnissen geborenes Verfahren zu finden. „Bei physischen Untersuchungen drängte sich mir die Überzeugung auf, dafs bei aller Betrachtung der Gegenstände die höchste Pflicht sei, jede Bedingung, unter welcher ein Phänomen erscheint, genau aufzusuchen und nach möglichster Vollkommenheit der Phänomene zu trachten; weil sie doch zuletzt sich aneinanderzureihen, oder vielmehr übereinanderzugreifen genötigt sind, und vor dem Anschauen des Forschers auch eine Art Organisation bilden, ihr inneres Gesamtleben manifestieren müssen."

Goethe fand nirgends Aufklärung. Er mufste sich selbst aufklären. Er suchte den Grund dafür und glaubte ihn darin zu finden, dafs er für Philosophie im eigentlichen Sinne kein Organ hätte. Er ist aber darin zu suchen, dafs die platonische Denkweise, die alle ihm zugänglichen Philosophien beherrschte, seiner gesunden Naturanlage widersprach. In seiner Jugend hatte er sich wiederholt an Spinoza gewandt. Er gesteht sogar, dafs dieser Philosoph auf ihn immer eine „friedliche Wirkung" hervorgebracht habe. Diese beruht darauf, dass Spinoza das Weltall als eine grofse Einheit ansieht, und alles Einzelne mit Notwendigkeit aus dem Ganzen hervorgehend sich denkt. Wenn sich Goethe aber auf den Inhalt der Spinozistischen Philosophie einliefs, so fühlte er doch, dafs dieser ihm fremd blieb. „Denke man aber nicht, dafs ich seine Schriften hätte unterschreiben und mich dazu buchstäblich bekennen mögen. Denn daſs niemand den andern versteht, daſs keiner bei denselben Worten dasselbe, was der andere denkt, daſs ein Gespräch, eine Lektüre bei verschiedenen Personen verschiedene Gedankenfolgen aufregt, hatte ich schon allzudeutlich eingesehen, und man wird dem Verfasser von Werther und Faust wohl zutrauen, daſs er von solchen Miſsverständnissen tief durchdrungen, nicht selbst den Dünkel gehegt, einen Mann vollkommen zu verstehen, der als Schüler von Descartes, durch mathematische und rabbinische Kultur sich zu dem Gipfel des Denkens hervorgehoben, der bis auf den heutigen Tag noch das Ziel aller spekulativen Bemühungen zu sein scheint." Nicht der Umstand, daſs Spinoza durch Descartes geschult worden ist, auch nicht der, daſs er durch mathematische und rabbinische Kultur sich zu dem Gipfel des Denkens erhoben hat, machte ihn für Goethe unverständlich, sondern seine wirklichkeitsfremde, rein logische Art, die Erkenntnisse zu behandeln. Goethe konnte sich dem reinen erfahrungsfreien Denken nicht hingeben, weil er es nicht zu trennen vermochte von der Gesamtheit des Wirklichen. Er wollte nicht einen Gedanken bloſs logisch an den andern angliedern. Vielmehr erschien ihm eine solche Gedankenthätigkeit von der wahren Wirklichkeit abzulenken. Er muſste den Geist in die Erfahrung versenken, um zu den Ideen zu kommen. Die Wechselwirkung von Idee und Wahrnehmung war ihm ein geistiges Atemholen. „Durch die Pendelschläge wird die Zeit, durch die Wechselbewegung von Idee und Erfahrung die sittliche und wissenschaftliche Welt regiert." Im Sinne dieses Satzes die Welt und ihre

Erscheinungen zu betrachten, schien Goethe natur-
gemäſs. Denn für ihn gab es keinen Zweifel darüber,
daſs die Natur dasselbe Verfahren beobachtet: daſs sie
„eine Entwicklung aus einem lebendigen geheimnisvollen
Ganzen" zu den mannigfaltigen besonderen Erscheinungen hin ist, die den Raum und die Zeit erfüllen.
Das geheimnisvolle Ganze ist die Welt der Idee. „Die
Idee ist ewig und einzig; daſs wir auch den Plural
brauchen, ist nicht wohlgethan. Alles, was wir gewahr werden und wovon wir reden können, sind nur
Manifestationen der Idee; Begriffe sprechen wir aus,
und insofern ist die Idee selbst ein Begriff." Das
Schaffen der Natur geht aus dem Ganzen, das ideeller
Art ist, ins Einzelne, das als Reelles der Wahrnehmung gegeben ist. Deshalb soll der Beobachter: „das
Ideelle im Reellen anerkennen und sein jeweiliges
Miſsbehagen mit dem Endlichen durch Erhebung ins
Unendliche beschwichtigen". Goethe ist überzeugt
davon, daſs „die Natur nach Ideen verfahre, ingleichen
daſs der Mensch in allem, was er beginnt, eine Idee
verfolge". Wenn es dem Menschen wirklich gelingt,
sich zu der Idee zu erheben, und von der Idee aus
die Einzelheiten der Wahrnehmung zu begreifen, so
vollbringt er dasselbe, was die Natur vollbringt, indem
sie ihre Geschöpfe aus dem geheimnisvollen Ganzen
hervorgehen läſst. Solange der Mensch das Wirken
und Schaffen der Idee nicht fühlt, bleibt sein Denken
von der lebendigen Natur abgesondert. Er muſs das
Denken als eine bloſs subjektive Thätigkeit ansehen,
die ein abstraktes Bild von der Natur entwerfen kann.
Sobald er aber fühlt, wie die Idee in seinem Innern
lebt und thätig ist, betrachtet er sich und die Natur

als Ein Ganzes, und was als Subjektives in seinem
Innern erscheint, das gilt ihm zugleich als objektiv;
er weifs, dafs er der Natur nicht mehr als Fremder
gegenübersteht, sondern er fühlt sich verwachsen mit
dem Ganzen derselben. Das Subjektive ist objektiv geworden; das Objekte von dem Geiste ganz durchdrungen.
Goethe ist der Meinung, der Grundirrtum Kants bestehe darin, dafs dieser „das subjektive Erkenntnis-
vermögen selbst als Objekt betrachtet und den Punkt,
wo subjektiv und objektiv zusammentreffen, zwar scharf
aber nicht ganz richtig sondert." (Weimarische Ausgabe, 2. Abteilung, Band XI S. 376.) Das Erkenntnis-
vermögen erscheint dem Menschen nur so lange als subjektiv, als er nicht beachtet, dafs die Natur selbst es
ist, die durch dasselbe spricht. Subjektiv und objektiv
treffen zusammen, wenn die objektive Ideenwelt im
Subjekte auflebt, und in dem Geiste des Menschen
dasjenige lebt, was in der Natur selbst thätig ist.
Wenn das der Fall ist, dann hört aller Gegensatz von
subjektiv und objektiv auf. Dieser Gegensatz hat
nur eine Bedeutung, solange der Mensch ihn künstlich aufrecht erhält, solange er die Ideen als seine
Gedanken betrachtet, durch die das Wesen der Natur
abgebildet wird, in denen es nicht aber selbst wirksam ist.
Kant und die Kantianer hatten keine Ahnung davon, dafs
in den Ideen der Vernunft das Wesen, das Ansich der
Dinge unmittelbar gegenwärtig ist. Für sie ist alles
Ideelle ein blofs Subjektives. Deshalb kamen sie zu
der Meinung, das Ideelle könne nur dann notwendig
gültig sein, wenn auch dasjenige, auf das es sich be-
zieht, die Erfahrungswelt, nur subjektiv ist. Mit
Goethes Anschauungen steht die Kantsche Denkweise

in einem scharfen Gegensatz. Es giebt zwar einzelne
Äuſserungen Goethes, in denen er von Kants Ansichten in einer anerkennenden Art spricht. Er erzählt, daſs er manchem Gespräch über diese Ansichten
beigewohnt habe. „Mit einiger Aufmerksamkeit konnte
ich bemerken, daſs die alte Hauptfrage sich erneuere,
wieviel unser Selbst und wieviel die Auſsenwelt zu
unserm geistigen Dasein beitrage. Ich hatte beide
niemals gesondert, und wenn ich nach meiner
Weise über Gegenstände philosophierte, so that ich es
mit unbewuſster Naivität und glaubte wirklich. ich
sähe meine Meinungen vor Augen. Sobald aber jener
Streit zur Sprache kam, mochte ich mich gern auf
diejenige Seite stellen, welche dem Menschen am
meisten Ehre macht, und gab allen Freunden vollkommen Beifall, die mit Kant behaupteten: wenn
gleich alle unsere Erkenntnis mit der Erfahrung an-
gehe, so entspringe sie darum doch nicht eben alle aus
der Erfahrung.“ Die Idee stammt auch, nach Goethes
Ansicht, nicht aus dem Teile der Erfahrung, welcher der
bloſsen Wahrnehmung durch die Sinne des Menschen
sich darbietet. Die Vernunft, die Phantasie müssen
sich bethätigen, müssen in das Innere der Wesen
dringen, um sich der ideellen Elemente des Daseins
zu bemächtigen. Insofern hat der Geist des Menschen
Anteil an dem Zustandekommen der Erkenntnis.
Goethe meint, es mache dem Menschen Ehre, daſs in
seinem Geiste die höhere Wirklichkeit, die den Sinnen
nicht zugänglich ist, zur Erscheinung komme; Kant
dagegen spricht der Erfahrungswelt den Charakter der
höheren Wirklichkeit ab, weil sie Bestandteile enthält, die aus dem Geiste stammen. Nur wenn er die

Kantschen Sätze erst im Sinne seiner Weltanschauung umdeutete, konnte Goethe sich zustimmend zu ihnen verhalten. Die Grundlagen der Kantschen Denkweise widersprechen Goethes Wesen aufs schärfste. Wenn dieser den Widerspruch nicht scharf genug betonte, so liegt das wohl nur darin, daſs er sich auf diese Grundlagen nicht einlieſs, weil sie ihm zu fremd waren. „Der Eingang (der Kritik der reinen Vernunft) war es, der mir gefiel, ins Labyrinth selbst konnte ich mich nicht wagen: bald hinderte mich die Dichtungsgabe, bald der Menschenverstand, und ich fühlte mich nirgends gebessert.“ Über seine Gespräche mit den Kantianern muſste sich Goethe eingestehen: „Sie hörten mich wohl, konnten mir aber nichts erwidern, noch irgend förderlich sein. Mehr als einmal begegnete es mir, daſs einer oder der andere mit lächelnder Bewunderung zugestand: es sei freilich ein Analogon Kantscher Vorstellungsart, aber ein seltsames.“ Es war, wie ich gezeigt, auch kein Analogon, sondern das entschiedenste Gegenteil der Kantschen Vorstellungsart.

*   *
*

Es ist interessant zu sehen, wie Schiller sich über den Gegensatz der Goetheschen Denkweise und seiner eigenen aufzuklären sucht. Er empfindet das Ursprüngliche und Freie der Goetheschen Weltanschauung. Aber er kann die platonischen Gedankenelemente aus seinem eigenen Geiste nicht entfernen. Er kann sich nicht zu der Einsicht erheben, daſs Idee und Wahrnehmung in der Wirklichkeit nicht getrennt vorhanden sind, sondern nur künstlich von

dem durch Plato verführten Verstand getrennt gedacht werden. Deshalb stellt er der Goetheschen
Geistesart, die er als eine intuitive bezeichnet, die
eigene als spekulative gegenüber und behauptet, daſs
beide, wenn sie nur kraftvoll genug wirken, zu einem
gleichen Ziele führen müssen. Von dem intuitiven
Geiste nimmt Schiller an, daſs er sich an das Empirische, Individuelle halte und von da aus zu dem Gesetze, zu der Idee aufsteige. Falls ein solcher Geist
genialisch ist, wird er in dem Empirischen das Notwendige, in dem Individuellen die Gattung erkennen.
Der spekulative Geist dagegen soll den umgekehrten
Weg machen. Ihm soll zuerst das Gesetz, die Idee
gegeben sein, und von ihr soll er zum Empirischen
und Individuellen herabsteigen. Ist ein solcher Geist
genialisch, so wird er zwar immer nur Gattungen im
Auge haben, aber mit der Möglichkeit des Lebens
und mit gegründeter Beziehung auf wirkliche Objekte.
Die Annahme einer besonderen Geistesart, der spekulativen gegenüber der intuitiven, beruht auf dem
Glauben, daſs der Ideenwelt ein abgesondertes, von
der Wahrnehmungswelt getrenntes Dasein zukomme.
Wäre dies der Fall, dann könnte es einen Weg geben,
auf dem der Inhalt der Ideen in den Geist käme,
auch wenn ihn dieser nicht in der Erfahrung auf-
suchte. Ist aber die Ideenwelt mit der Erfahrungswirklichkeit untrennbar verbunden, sind beide nur als
Ein Ganzes vorhanden, so kann es nur eine intuitive
Erkenntnis, die in der Erfahrung die Idee aufsucht
und mit dem Individuellen zugleich die Gattung er-
faſst, geben. In Wahrheit giebt es auch keinen rein
spekulativen Geist im Sinne Schillers. Denn die Gat-

tungen existieren nur innerhalb der Sphäre, der auch
die Individuen angehören; und der Geist kann sie
anderswo gar nicht finden. Hat ein sogenannter
spekulativer Geist wirklich Gattungsideen, so stammen
diese aus der Beobachtung der wirklichen Welt. Wenn
das lebendige Gefühl für diesen Ursprung, für den notwendigen Zusammenhang des Gattungsmäfsigen mit
dem Individuellen verloren geht, dann entsteht die
Meinung, solche Ideen können in der Vernunft auch
ohne Erfahrung entstehen. Die Bekenner dieser Meinung bezeichnen eine Summe von abstrakten Gattungsideen als Inhalt der reinen Vernunft, weil sie die
Fäden nicht sehen, mit denen diese Ideen an die Erfahrung gebunden sind. Eine solche Täuschung ist am
leichtesten bei den allgemeinsten, umfassendsten Ideen
möglich. Da solche Ideen weite Gebiete der Wirklichkeit umspannen, so ist in ihnen manches ausgetilgt oder
abgeblafst, was den zu diesem Gebiete gehörigen Individualitäten zukommt. Man kann eine Anzahl solcher
allgemeiner Ideen durch Überlieferung in sich aufnehmen und dann glauben, sie seien dem Menschen
angeboren, oder man habe sie aus der reinen Vernunft
herausgesponnen. Ein Geist, der einem solchen Glauben
verfällt, kann sich als spekulativ ansehen. Er wird
aus seiner Ideenwelt aber nie mehr herausholen können,
als diejenigen hineingelegt haben, von denen er sie
überliefert erhalten hat. Wenn Schiller meint, dafs
der spekulative Geist, wenn er genialisch ist, „zwar
immer nur Gattungen, aber mit der Möglichkeit des
Lebens und mit gegründeter Beziehung auf wirkliche
Objekte" erzeugt (vergl. Schillers Brief an Goethe vom
23. August 1794), so ist er im Irrtum. Ein wirklich

spekulativer Geist, der nur in Gattungsbegriffen lebte,
könnte in seiner Ideenwelt keine andere gegründete
Beziehung zur Wirklichkeit finden, als diejenige, die
schon in ihr liegt. Ein Geist, der Beziehungen zur
Wirklichkeit hat und sich dennoch als spekulativ bezeichnet, ist in einer Täuschung über seine eigene
Wesenheit befangen. Diese Täuschung kann ihn dazu
verführen, seine Beziehungen zur Wirklichkeit, zum
unmittelbaren Leben zu vernachlässigen. Er wird
glauben der unmittelbaren Beobachtung entraten zu
können, weil er andere Quellen der Wahrheit zu haben
meint. Die Folge davon ist immer, dafs die Ideenwelt
eines solchen Geistes einen matten abgeblafsten Charakter trägt. Die frischen Farben des Lebens werden
seinen Gedanken fehlen. Wer im Bunde mit der
Wirklichkeit leben will, wird aus einer solchen Gedankenwelt nicht viel gewinnen können. Nicht als
eine Geistesart, die neben der intuitiven als gleich-
berechtigt anzusehen ist, kann die spekulative gelten,
sondern als eine verkümmerte, an Leben verarmte
Denkart. Der intuitive Geist hat es nicht blofs mit
Individuen zu thun, er sucht nicht in dem Empirischen den Charakter der Notwendigkeit auf. Sondern
wenn er sich der Natur zuwendet, vereinigen sich bei
ihm Wahrnehmung und Idee unmittelbar zu einer
Einheit. Beide werden ineinander geschaut und als
Ganzheit empfunden. Er kann zu den allgemeinsten
Wahrheiten, zu den höchsten Abstraktionen aufsteigen:
das unmittelbar wirkliche Leben wird in seiner Gedankenwelt immer zu erkennen sein. Solcher Art war
Goethes Denken. Heinroth hat in seiner Anthropo-
logie ein treffliches Wort über dieses Denken ge-

sprochen, das Goethe im höchsten Grade gefiel, weil
es ihn über seine Natur aufklärte. „Herr Dr. Heinroth spricht von meinem Wesen und Wirken günstig,
ja er bezeichnet meine Verfahrungsart als eine eigentümliche: daſs nämlich mein Denkvermögen **gegenständlich** thätig sei, womit er aussprechen will,
daſs mein Denken sich von den Gegenständen nicht
sondere; daſs die Elemente der Gegenstände, die
Anschauungen in dasselbe eingehen und von ihm auf
das innigste durchdrungen werden; daſs mein Anschauen selbst ein Denken, mein Denken ein Anschauen sei." Im Grunde schildert Heinroth nichts
als die Art, wie sich jedes gesunde Denken zu den
Gegenständen verhält. Jede andere Verfahrungsart
ist eine Abirrung von dem naturgemäſsen Wege.
Wenn in einem Menschen die Anschauung überwiegt,
dann bleibt er an dem Individuellen hängen; er kann
nicht in die tieferen Gründe der Wirklichkeit eindringen; wenn das abstrakte Denken in ihm überwiegt, dann erscheinen seine Begriffe unzureichend,
um die lebendige Fülle des Wirklichen zu verstehen.
Das Extrem der ersten Abirrung stellt den rohen
Empiriker dar, der mit den individuellen Tatsachen
sich begnügt; das Extrem der andern Abirrung ist in
dem Philosophen gegeben, der die reine Vernunft an-
betet und der nur denkt, ohne ein Gefühl davon zu
haben, daſs Gedanken ihrem Wesen nach an Anschauungen gebunden sind. In einem schönen Bilde
schildert Goethe das Gefühl des Denkers, der zu den
höchsten Wahrheiten aufsteigt, ohne die Empfindung
für die lebendige Erfahrung zu verlieren. Er schreibt
im Anfang des Jahres 1784 einen Aufsatz über den

Granit. Er versetzt sich auf einen aus diesem Gestein bestehenden Gipfel, wo er sich sagen kann: „Hier ruhst du unmittelbar auf einem Grunde, der bis zu den tiefsten Orten der Erde hinreicht, keine neuere Schicht, keine aufgehäufte, zusammengeschwemmte Trümmer haben sich zwischen dich und den festen Boden der Urwelt gelegt; du gehst nicht wie in jenen fruchtbaren Thälern über ein anhaltendes Grab, diese Gipfel haben nichts Lebendiges erzeugt und nichts Lebendiges verschlungen; sie sind vor allem Leben und über alles Leben. In diesem Augenblicke, da die innern anziehenden und bewegenden Kräfte der Erde gleichsam unmittelbar auf mich wirken, da die Einflüsse des Himmels mich näher umschweben, werde ich zu höheren Betrachtungen der Natur hinaufgestimmt, und wie der Menschengeist alles belebt, so wird auch ein Gleichnis in mir rege, dessen Erhabenheit ich nicht widerstehen kann. So einsam, sage ich zu mir selber, indem ich diesen ganz nackten Gipfel hinabsehe und kaum am Fuße ein gering wachsendes Moos erblicke, so einsam, sage ich, wird es dem Menschen zu Mute, der nur den ältesten, ersten, tiefsten Gefühlen der Wahrheit seine Seele eröffnen will. Ja, er kann zu sich sagen: Hier auf dem ältesten, ewigen Altare, der unmittelbar auf die Tiefe der Schöpfung gebaut ist, bring ich dem Wesen aller Wesen ein Opfer. Ich fühle die ersten, festesten Anfänge unsers Daseins, ich überschaue die Welt, ihre schrofferen und gelinderen Thäler und ihre fernen fruchtbaren Weiden, meine Seele wird über sich selbst und über alles erhaben und sehnt sich nach dem nähern Himmel. Aber bald ruft die brennende Sonne

Durst und Hunger, seine menschlichen Bedürfnisse, zurück. Er sieht sich nach jenen Thälern um, über die sich sein Geist schon hinwegschwang." Solchen Enthusiasmus der Erkenntnis, solche Empfindungen für die ältesten, festen Wahrheiten kann nur derjenige in sich entwickeln, der immer und immer wieder aus den Regionen der Ideenwelt den Weg zurückfindet zu den unmittelbaren Anschauungen.

Persönlichkeit und Weltanschauung.

Die Aufsenseite der Natur lernt der Mensch durch die Anschauung kennen; ihre tiefer liegenden Triebkräfte enthüllen sich in seinem eigenen Innern als subjektive Erlebnisse. In der philosophischen Weltbetrachtung und im künstlerischen Empfinden und Hervorbringen durchdringen die subjektiven Erlebnisse die objektiven Anschauungen. Das wird wieder ein Ganzes, was sich in zwei Teile spalten mufste, um in den menschlichen Geist einzudringen. Der Mensch befriedigt seine höchsten geistigen Bedürfnisse, wenn er der objektiv angeschauten Welt einverleibt, was sie in seinem Innern ihm als ihre tieferen Geheimnisse offenbart. Erkenntnisse und Kunsterzeugnisse sind nichts anderes, als von menschlichen inneren Erlebnissen erfüllte Anschauungen. In dem einfachsten Urteile über ein Ding oder Ereignis der Aussenwelt können ein menschliches Seelenerlebnis und eine äufsere

Anschauung im innigen Bunde miteinander gefunden
werden. Wenn ich sage: ein Körper stoſst den andern,
so habe ich bereits ein inneres Erlebnis auf die Auſsenwelt übertragen. Ich sehe einen Körper in Bewegung;
er trifft auf einen andern; dieser kommt infolgedessen
auch in Bewegung. Mit diesen Worten ist der Inhalt
der Wahrnehmung erschöpft. Ich bin aber dabei
nicht beruhigt. Denn ich fühle: es ist in der ganzen
Erscheinung noch mehr vorhanden, als was die bloſse
Wahrnehmung liefert. Ich greife nach einem inneren
Erlebnis, das mich über die Wahrnehmung aufklärt.
Ich weiſs, daſs ich selbst durch Anwendung von
Kraft, durch Stoſsen, einen Körper in Bewegung versetzen kann. Dieses Erlebnis übertrage ich auf die
Erscheinung und sage: der eine Körper stoſst den
andern. „Der Mensch begreift niemals, wie anthro-
pomorphisch er ist" (Goethe, Sprüche in Prosa. Natio-
nal-Litt. Goethes Werke, Band 36,2. S. 353). Es giebt
Menschen, die aus dem Vorhandensein dieses subjektiven Bestandteiles in jedem Urteile über die Auſsenwelt die Folgerung ziehen, daſs der objektive Wesens-
kern der Wirklichkeit dem Menschen unzugänglich
sei. Sie glauben, der Mensch verfälsche den unmittelbaren, objektiven Thatbestand der Wirklichkeit, wenn
er seine subjektiven Erlebnisse in sie hineinlegt. Sie
sagen: weil der Mensch sich die Welt nur durch die
Brille seines subjektiven Lebens vorstellen kann, ist
alle seine Erkenntnis nur eine subjektive, beschränkt-
menschliche. Wem es aber zum Bewuſstsein kommt,
was im Innern des Menschen sich offenbart, der wird
nichts mit solchen unfruchtbaren Behauptungen zu
thun haben wollen. Er weiſs, daſs Wahrheit eben

dadurch zustande kommt. dass Wahrnehmung und Idee sich im menschlichen Erkenntnisprozefs durchdringen. Ihm ist klar. dafs in dem Subjektiven das eigentlichste und tiefste Objektive lebt. „Wenn die gesunde Natur des Menschen als ein Ganzes wirkt, wenn er sich in der Welt als in einem grofsen. schönen würdigen Ganzen fühlt, wenn das harmonische Behagen ihm ein reines, freies Entzücken gewährt. dann würde das Weltall. wenn es sich selbst empfinden könnte, als an sein Ziel gelangt, aufjauch-zen und den Gipfel des eigenen Werdens und Wesens bewundern. (Goethes Werke, Deutsche Nat.-Litt. Band 27, S. 42.) Die der blofsen Anschauung zugängliche Wirklichkeit ist nur die eine Hälfte der ganzen Wirklichkeit; der Inhalt des menschlichen Geistes ist die andere Hälfte. Träte nie ein Mensch der Welt gegenüber, so käme diese zweite Hälfte nie zur lebendigen Erscheinung, zum vollen Dasein. Sie wirkte zwar als verborgene Kräftewelt; aber es wäre ihr die Möglichkeit entzogen. sich in einer eigenen Gestalt zu zeigen. Man möchte sagen, ohne den Menschen würde die Welt ein unwahres Antlitz zeigen. Sie wäre so, wie sie ist. durch ihre tieferen Kräfte, aber diese tieferen Kräfte blieben selbst verhüllt durch das, was sie wirken. Im Men-schengeiste werden sie aus ihrer Verzauberung erlöst. Der Mensch ist nicht blofs dazu da. um sich von der fertigen Welt ein Bild zu machen; nein. er wirkt selbst mit an dem Zustandekommen dieser Welt.

Verschieden gestalten sich die subjektiven Erlebnisse bei verschiedenen Menschen. Für diejenigen, welche nicht an die objektive Natur der Innenwelt glauben, ist das ein Grund mehr, dem Menschen das Vermögen abzusprechen, in das Wesen der Dinge zu dringen. Denn wie kann Wesen der Dinge sein, was dem einen so, dem andern anders erscheint. Für denjenigen, der die wahre Natur der Innenwelt durchschaut, folgt aus der Verschiedenheit der Innenerlebnisse nur, dafs die Natur ihren reichen Inhalt auf verschiedene Weise aussprechen kann. Dem einzelnen Menschen erscheint die Wahrheit in einem individuellen Kleide. Sie pafst sich der Eigenart seiner Persönlichkeit an. Besonders für die höchsten, dem Menschen wichtigsten Wahrheiten gilt dies. Um sie zu gewinnen, überträgt der Mensch seine geistigsten, intimsten Erlebnisse auf die angeschaute Welt und mit ihnen zugleich das Eigenartigste seiner Persönlichkeit. Es giebt auch allgemeingültige Wahrheiten, die jeder Mensch aufnimmt, ohne ihnen eine individuelle Färbung zu geben. Dies sind aber die oberflächlichsten, die trivialsten. Sie entsprechen dem allgemeinen Gattungscharakter der Menschen, der bei allen der gleiche ist. Gewisse Eigenschaften, die in allen Menschen gleich sind, erzeugen über die Dinge auch gleiche Urteile. In der Art, wie die Menschen die Dinge nach Mafs und Zahl ansehen, unterscheiden sie sich nicht. Deshalb gelten für alle die gleichen mathematischen Wahrheiten. In den Eigenschaften aber, in denen sich die Einzelpersönlichkeit von dem allgemeinen Gattungscharakter abhebt, liegt auch der Grund zu den individuellen Ausgestaltungen der Wahrheit. Nicht darauf kommt es an, daſs in dem einen Menschen die Wahrheit anders erscheint als in dem andern, sondern darauf, daſs alle zum Vorschein kommenden individuellen Gestalten einem einzigen Ganzen angehören, der einheitlichen ideellen Welt. Die Wahrheit spricht im Innern der einzelnen Menschen verschiedene Sprachen und Dialekte; in jedem groſsen Menschen spricht sie eine eigene Sprache, die nur dieser Einen Persönlichkeit zukommt. Aber es ist immer die eine Wahrheit, die da spricht. „Kenne ich mein Verhältnis zu mir selbst und zur Auſsenwelt, so heiſs ichs Wahrheit. Und so kann jeder seine eigene Wahrheit haben, und es ist doch immer dieselbige." Dies ist Goethes Meinung. Nicht ein starres, totes Begriffssystem ist die Wahrheit, das nur einer einzigen Gestalt fähig ist; sie ist eine lebendiges Meer, in welchem der Geist des Menschen lebt, und das Wellen der verschiedensten Gestalt an seiner Oberfläche zeigen kann. „Die Theorie an und für sich ist nichts nütze, als insofern sie uns an den Zusammenhang der Erscheinungen glauben macht," sagt Goethe. Er schätzt keine Theorie, die ein für allemal abgeschlossen sein will, und in dieser Gestalt eine ewige Wahrheit darstellen soll. Er will lebendige Begriffe, durch die der Geist des Einzelnen nach seiner individuellen Eigenart die Anschauungen zusammenfaſst. Die Wahrheit erkennen heiſst ihm, in der Wahrheit leben. Und in der Wahrheit leben ist nichts anderes, als bei der Betrachtung jedes einzelnen Dinges hinzusehen, welches innere Erlebnis sich einstellt, wenn man diesem Dinge gegenübersteht. Eine solche Ansicht von dem menschlichen Erkennen kann nicht von Grenzen des Wissens nicht von einer Eingeschränktheit desselben durch die Natur des Menschen sprechen. Denn die Fragen, die sich, nach dieser Ansicht, das Erkennen vorlegt, entspringen nicht aus den Dingen; sie sind dem Menschen auch nicht von irgend einer andern aufserhalb seiner Persönlichkeit gelegenen Macht auferlegt. Sie entspringen aus der Natur der Persönlichkeit selbst. Wenn der Mensch den Blick auf ein Ding richtet, dann entsteht in ihm der Drang, mehr zu sehen, als ihm in der Wahrnehmung entgegentritt. Und soweit dieser Drang reicht, soweit reicht sein Erkenntnisbedürfnis. Woher stammt dieser Drang? Doch nur davon, dafs ein inneres Erlebnis sich in der Seele angeregt fühlt, mit der Wahrnehmung, eine Verbindung einzugehen. Sobald die Verbindung vollzogen ist, ist auch das Erkenntnisbedürfnis befriedigt. Erkennen wollen ist eine Forderung der menschlichen Natur und nicht der Dinge. Diese können dem Menschen nicht mehr über ihr Wesen sagen, als er ihnen abfordert. Wer von einer Beschränktheit des Erkenntnisvermögens spricht, der weifs nicht, woher das Erkenntnisbedürfnis stammt. Er glaubt, der Inhalt der Wahrheit liege irgendwo aufbewahrt, und in dem Menschen lebe nur der unbestimmte Wunsch, den Zugang zu dem Aufbewahrungsorte zu finden. Aber es ist das Wesen der Dinge selbst, das sich aus dem Innern des Menschen herausarbeitet und dahin strebt, wohin es gehört: zu der Wahrnehmung. Nicht nach einem Verborgenen strebt der Mensch im Erkenntnisprozefs, sondern nach der Ausgleichung zweier Kräfte, die von zwei Seiten auf ihn wirken. Man kann wohl sagen, ohne den Menschen gäbe es keine Erkenntnis

des Innern der Dinge, denn ohne ihn wäre nichts da,
wodurch dieses Innere sich aussprechen könnte. Aber
man kann nicht sagen, es gibt im Innern der Dinge
etwas, das dem Menschen unzugänglich ist. Daſs an
den Dingen noch etwas anderes vorhanden ist, als
was die Wahrnehmung liefert, weiſs der Mensch nur,
weil dieses andere in seinem eigenen Innern lebt.
Von einem weiteren unbekannten Etwas der Dinge
sprechen, heiſst Worte über etwas machen, was nicht
vorhanden ist.

*   *
*

Die Naturen, die nicht zu erkennen vermögen, daſs
es die Sprache der Dinge ist, die im Innern des Menschen gesprochen wird, sind der Ansicht, alle Wahrheit müsse von auſsen in den Menschen eindringen.
Solche Naturen halten sich entweder an die bloſse Wahrnehmung und glauben, allein durch Sehen, Hören,
Tasten, durch Auflesung der geschichtlichen Vorkomm-
nisse und durch Vergleichen, Zählen, Rechnen, Wägen
des aus der Tatsachenwelt Aufgenommenen die Wahrheit erkennen zu können; oder sie sind der Ansicht,
daſs die Wahrheit nur zu dem Menschen kommen
könne, wenn sie ihm durch ein übermenschliches Wesen
offenbart werde, oder endlich, sie wollen durch
Kräfte besonderer Natur, durch Ekstase oder mysti-
sches Schauen in den Besitz der höchsten Einsichten
kommen, die ihnen, nach ihrer Ansicht, die dem Denken zugängliche Ideenwelt nicht darbieten kann. Den
Offenbarungsgläubigen und den Mystikern reihen sich
noch die Metaphysiker an. Diese suchen zwar durch

das Denken sich Begriffe von der Wahrheit zu bilden. Aber sie suchen den Inhalt für diese Begriffe nicht in der menschlichen Ideenwelt, sondern in einer hinter den Dingen liegenden zweiten Wirklichkeit. Sie meinen, durch reine Begriffe über einen solchen Inhalt entweder etwas Sicheres ausmachen zu können, oder wenigstens durch Hypothesen sich Vorstellungen von ihm bilden zu können. Ich spreche hier zunächst von der zuerst angeführten Art von Menschen, von den Tatsachenfanatikern. Ihnen kommt es zuweilen zum Bewußtsein, daß in dem Zählen und Rechnen bereits eine Verarbeitung des Anschauungsinhaltes mit Hilfe des Denkens stattfindet. Dann aber sagen sie, die Gedankenarbeit sei bloß das M i t t e l, durch das der Mensch den Zusammenhang der Tatsachen zu erkennen bestrebt ist. Was aus dem Denken bei Bearbeitung der Außenwelt fließt, gilt ihnen als bloß subjektiv; als objektiven Wahrheitsgehalt, als wertvollen Erkenntnisinhalt sehen sie nur das an, was mit Hilfe des Denkens von aussen an sie herankommt. Sie fangen zwar die Tatsachen in ihre Gedankennetze ein, lassen aber nur das Eingefangene als objektiv gelten. Sie übersehen, daß dieses Eingefangene durch das Denken eine Auslegung, Zurechtrückung, eine Interpretation erfährt, die es in der bloßen Anschauung nicht hat. Die Mathematik ist ein Ergebnis reiner Gedankenprozesse, ihr Inhalt ist ein geistiger, subjektiver. Und der Mechaniker, der die Naturvorgänge in mathematischen Zusammenhängen vorstellt, kann dies nur unter der Voraussetzung, daß diese Zusammenhänge in dem Wesen dieser Vorgänge begründet sind. Das heißt aber nichts anderes als: in der Anschauung ist eine mathematische Ordnung verborgen, die nur derjenige sieht, der die mathematischen Gesetze in seinem Geiste ausbildet. Zwischen den mathematischen Raum- und Zahlenvorstellungen und den intimsten, geistigsten Erlebnissen ist aber kein Art-, sondern nur ein Gradunterschied. Und mit demselben Rechte wie die Ergebnisse der mathematischen Forschung kann der Mensch andere innere Erlebnisse, andere Gebiete seiner Ideenwelt auf die Anschauungen übertragen. Nur scheinbar stellt der Tatsachenfanatiker rein äussere Vorgänge fest. Er denkt zumeist über die Natur seiner Ideenwelt und ihren Charakter, als subjektives Erlebnis, nicht nach. Auch sind seine inneren Erlebnisse inhaltsarme, blutleere Abstraktionen, die von dem kraftvollen Tatsacheninhalt verdunkelt werden. Die Täuschung, der er sich hingiebt, kann nur so lange bestehen, als er auf der untersten Stufe der Naturinterpretation stehen bleibt, solange er bloſs zählt, wägt, berechnet. Auf den höheren Stufen drängt sich die wahre Natur der Erkenntnis bald auf. Man kann es aber an den Tatsachenfanatikern beobachten, dass sie sich vorzüglich an die unteren Stufen halten. Sie gleichen dadurch einem Aesthetiker, der ein Musikstück bloſs darnach beurteilen will, was an ihm berechnet und gezählt werden kann. Sie wollen die Erscheinungen der Natur von dem Menschen absondern. Nichts Subjektives soll in die Beobachtung einflieſsen. Goethe verurteilt dieses Verfahren mit den Worten: „Der Mensch an sich selbst, insofern er sich seiner gesunden Sinne bedient, ist der gröſste und genaueste physikalische Apparat, den es geben kann, und das ist eben das gröſste Unheil der neueren Physik, daſs man die Experimente gleichsam vom Menschen abgesondert hat, und bloſs in dem, was künstliche Instrumente zeigen, die Natur erkennen, ja, was sie leisten kann, dadurch beschränken und beweisen will." Es ist die Angst vor dem Subjektiven, die zu solcher Verfahrungsweise führt, und die aus einer Verkennung der wahrhaften Natur desselben herrührt. „Dafür steht ja aber der Mensch so hoch, daſs sich das sonst Undarstellbare in ihm darstellt. Was ist denn eine Saite und alle mechanische Teilung derselben gegen das Ohr des Musikers? Ja man kann sagen, was sind die elementaren Erscheinungen der Natur selbst gegen den Menschen, der sie alle erst bändigen und modifizieren muſs, um sie sich einigermaſsen assimilieren zu können? (Goethes Werke. Deutsche Nat.-Litt. Band 36,2 S. 351.) Nach Goethes Ansicht soll der Naturforscher nicht allein darauf aufmerksam sein, wie die Dinge erscheinen, sondern wie sie erscheinen würden, wenn alles, was in ihnen als ideelle Triebkräfte wirkt, auch wirklich zur äuſseren Erscheinung käme. Erst wenn sich der leibliche und geistige Organismus des Menschen den Erscheinungen gegenüberstellt, dann enthüllen sie ihr Inneres.

*　　*　　*

Wer mit freiem, offenem Beobachtungsgeist und mit einem entwickelten Innenleben, in dem die Ideen der Dinge sich offenbaren, an die Erscheinungen herantritt, dem enthüllen diese, nach Goethes Meinung, alles, was an ihnen ist. Goethes Weltanschauung entgegengesetzt ist daher diejenige, welche das Wesen der Dinge nicht innerhalb der Erfahrungswirklichkeit, sondern in einer hinter derselben liegenden zweiten Wirklichkeit sucht. Ein Bekenner einer solchen Weltanschauung trat Goethe in Fr. H. Jacobi entgegen. Er macht seinem Unwillen in einer Bemerkung der Tag- und Jahreshefte (zum Jahre 1811) Luft: „Jacobi von den göttlichen Dingen machte mir nicht wohl; wie konnte mir das Buch eines so herzlich geliebten Freundes willkommen sein, worin ich die These durchgeführt sehen sollte: die Natur verberge Gott! Mußte bei meiner reinen, tiefen, angeborenen und geübten Anschauungsweise, die mich Gott in der Natur, die Natur in Gott zu sehen unverbrüchlich gelehrt hatte, so daß diese Vorstellungsart den Grund meiner ganzen Existenz ausmachte, mußte nicht ein so seltsamer, einseitig beschränkter Ausspruch mich dem Geiste nach, von dem edelsten Manne, dessen Herz ich verehrend liebte, für ewig entfernen". Goethes Anschauungsweise gibt ihm die Sicherheit, daß er in der ideellen Durchdringung der Natur das ewig Gesetzmäßige in ihr unmittelbar anschaut. Und dieses ewig Gesetzmäßige ist ihm mit dem Göttlichen identisch. Wenn das Göttliche hinter den Naturdingen sich verbergen würde und doch das schöpferische Element in ihnen bildete, könnte es nicht angeschaut werden; der Mensch müßte an dasselbe glauben. In einem Briefe an Jacobi nimmt Goethe sein Schauen gegenüber dem Glauben in Schutz: „Gott hat Dich mit der Metaphysik gestraft und Dir einen Pfahl ins Fleisch gesetzt, mich mit der Physik gesegnet. Ich halte mich an die Gottesverehrung des Atheisten (Spinoza) und überlasse Euch alles, was

ihr Religion heißt und heißen mögt. Du hältst aufs
Glauben an Gott; ich aufs Schauen." Wo dieses
Schauen aufhört, da hat der menschliche Geist nichts
zu suchen. In den Sprüchen in Prosa lesen wir: „Der
Mensch ist wirklich in die Mitte einer wirklichen
Welt gesetzt und mit solchen Organen begabt, daß
er das Wirkliche und nebenbei das Mögliche erkennen
und hervorbringen kann. Alle gesunden Menschen
haben die Überzeugung ihres Daseins und eines Da-
seienden um sich her. Indessen giebt es auch einen
hohlen Fleck im Gehirn, d. h. eine Stelle, wo
sich kein Gegenstand abspiegelt, wie denn auch im
Auge selbst ein Fleckchen ist, das nicht sieht. Wird
der Mensch auf diese Stelle besonders aufmerksam,
vertieft er sich darin, so verfällt er in eine Geistes-
krankheit, ahnet hier Dinge einer andern
Welt, die aber eigentlich Undinge sind und
weder Gestalt noch Begrenzung haben, sondern als
leere Nacht-Räumlichkeiten ängstigen und
den, der sich nicht losreißt, mehr als gespensterhaft
verfolgen. (Goethes Werke, Deutsche Nationallitteratur
Band 36,2. S. 458.) Aus derselben Gesinnung heraus
ist der Ausspruch: „Das Höchste wäre, zu begreifen,
daß alles Faktische schon Theorie ist. Die Bläue
des Himmels offenbart uns das Grundgesetz der Chro-
matik. Man suche nur nichts hinter den
Phänomenen; sie selbst sind die Lehre."

Kant spricht dem Menschen die Fähigkeit ab, in
das Gebiet der Natur einzudringen, in dem ihre
schöpferischen Kräfte unmittelbar anschaulich
werden. Nach seiner Meinung sind die Begriffe abstrakte Einheiten, in die der menschliche Verstand die

mannigfaltigen Einzelheiten der Natur zusammenfafst,
die aber nichts zu thun haben mit der lebendigen
Einheit, mit dem schaffenden Ganzen der Natur, aus
der diese Einzelheiten wirklich hervorgehen. Der
Mensch erlebt in dem Zusammenfassen nur eine subjektive Operation. Er kann seine allgemeinen Begriffe auf die empirische Anschauung beziehen; aber
diese Begriffe sind nicht in sich lebendig, produktiv,
so dafs der Mensch das Hervorgehen des Individuellen
aus ihnen anschauen könnte. Eine tote, blofs im
Menschen vorhandene Einheit sind für Kant die Begriffe. „Unser Verstand ist ein Vermögen der Begriffe,
d. i. ein diskursiver Verstand, für den es freilich zufällig sein mufs, welcherlei und wie verschieden das
Besondere sein mag, das ihm in der Natur gegeben
werden kann und was unter seine Begriffe gebracht
werden kann." Dies ist Kants Charakteristik des
Verstandes (§ 77 der Kritik der Urteilskraft). Aus
ihr ergiebt sich folgendes mit Notwendigkeit: „Es liegt
der Vernunft unendlich viel daran, den Mechanismus
der Natur in ihren Erzeugungen nicht fallen zu lassen
und in der Erklärung derselben nicht vorbei zu gehen;
weil ohne diesen keine Einsicht in die Natur der
Dinge erlangt werden kann. Wenn man uns gleich
einräumt: dafs ein höchster Architekt die Formen
der Natur, so wie sie von jeher da sind, unmittelbar
geschaffen, oder die, so sich in ihrem Laufe kontinuir-
lich nach eben demselben Muster bilden, prädeterminirt
habe, so ist doch dadurch unsere Erkenntnis der Natur
nicht im mindesten gefördert; weil wir jenes
Wesens Handlungsart und die Ideen desselben, welche die Prinzipien der Möglichkeit der

Naturwesen enthalten sollen, gar nicht kennen,
und von demselben als von oben herab die Natur nicht
erklären können" (§ 78 der Kritik der Urteilskraft).
Goethe ist der Überzeugung, daſs der Mensch in seiner
Ideenwelt die Handlungsart des schöpferischen Natur-
wesens unmittelbar erlebt. „Wenn wir ja im Sittlichen, durch Glauben an Gott, Tugend und Unsterb-
lichkeit uns in eine obere Region erheben und an das
erste Wesen annähern sollen: so dürft es wohl im
Intellektuellen derselbe Fall sein, daſs wir
uns, durch das Anschauen einer immer
schaffenden Natur, zur geistigen Teilnahme
an ihren Produktionen würdig machten."
Ein wirkliches Hineinleben in das Schaffen und Walten
der Natur ist für Goethe die Erkenntnis des Menschen.
Ihr ist es gegeben: „zu erforschen, zu erfahren, wie
Natur im Schaffen lebt".

Es widerspricht dem Geist der Goetheschen Weltanschauung, von Wesenheiten zu sprechen, die auſserhalb der dem menschlichen Geiste zugänglichen Er-
fahrungs- und Ideenwelt liegen und die doch die
Gründe dieser Welt enthalten sollen. Alle Metaphysik
wird von dieser Weltanschauung abgelehnt. Es gibt
keine Fragen der Erkenntnis, die, richtig gestellt,
nicht auch beantwortet werden können. Wenn die
Wissenschaft zu irgend einer Zeit über ein gewisses
Erscheinungsgebiet nichts ausmachen kann, so liegt
das nicht an der Natur des menschlichen Geistes,
sondern an dem zufälligen Umstande, daſs die Erfahrung über dieses Gebiet zu dieser Zeit noch nicht
vollständig vorliegt. Hypothesen können nicht über
Dinge aufgestellt werden, die auſserhalb des Gebietes

möglicher Erfahrung liegen, sondern nur über solche, die einmal in dieses Gebiet eintreten können. Eine Hypothese kann immer nur besagen: es ist wahrscheinlich, daſs innerhalb eines Erscheinungsgebietes diese oder jene Erfahrung gemacht werden wird. Über Dinge und Vorgänge, die nicht innerhalb des Feldes der Beobachtung liegen, kann innerhalb dieser Denkungsart gar nicht gesprochen werden. Die Annahme eines „Dinges an sich", das die Wahrnehmungen in dem Menschen bewirkt, aber nie selbst wahrgenommen werden kann, ist eine unstatthafte Hypothese. „Hypothesen sind Gerüste, die man vor dem Gebäude aufführt, und die man abträgt, wenn das Gebäude fertig ist; sie sind dem Arbeiter unentbehrlich; nur muſs er das Gerüste nicht für das Gebäude ansehen." Einem Erscheinungsgebiete gegenüber, für das alle Wahrnehmungen vorliegen und das ideell durchdrungen ist, erklärt sich der menschliche Geist befriedigt. Er hat alles, was er für eine Erklärung braucht.

*   *   *

Die befriedigende Grundstimmung, die Goethes Weltanschauung für ihn hat, ist derjenigen ähnlich, die man bei den Mystikern beobachten kann. Die Mystik geht darauf aus, in der menschlichen Seele den Urgrund der Dinge, die Gottheit, zu finden. Der Mystiker ist gerade so wie Goethe davon überzeugt, daſs ihm in inneren Erlebnissen das Wesen der Welt offenbar werde. Nur gilt ihm die Versenkung in die Ideenwelt nicht als das innere Erlebnis, auf das es ankommt. Über die klaren Ideen der Vernunft hat er ungefähr dieselbe Ansicht wie Kant. Sie stehen für ihn außerhalb des schaffenden Ganzen der Natur und gehören nur dem menschlichen Verstande an. Der Mystiker sucht deshalb zu den höchsten Erkenntnissen durch Erweckung besonderer Kräfte zu gelangen. Er sucht durch Entwicklung ungewöhnlicher Zustände, z. B. durch Ekstase, zu einem Schauen höherer Art zu gelangen. Er tötet die sinnliche Beobachtung und das vernunftgemäße Denken in sich ab, und sucht sein Gefühlsleben zu steigern. Dann meint er in sich die wirkende Gottheit unmittelbar zu fühlen. Er glaubt in Augenblicken, in denen ihm das gelingt, Gott lebe in ihm. Eine ähnliche Empfindung ruft auch die Goethesche Weltanschauung in dem hervor, der sich zu ihr bekennt. Nur schöpft sie ihre Erkenntnisse nicht aus Erlebnissen, die nach Ertötung von Beobachtung und Denken eintreten, sondern eben aus diesen beiden Thätigkeiten. Sie flüchtet nicht zu abnormen Zuständen des menschlichen Geisteslebens, sondern sie ist der Ansicht, daß die gewöhnlichen naiven Verfahrungsarten des Geistes einer solchen Vervollkommnung fähig sind, daß der Mensch das Schaffen der Natur in sich erleben kann. „Es sind am Ende doch nur, wie mich dünkt, die praktischen und sich selbst rektifizierenden Operationen des gemeinen Menschenverstandes, der sich in einer höheren Sphäre zu üben wagt." (Vergl. Goethe Werke in der Weimarischen Ausgabe. 2. Abt., Band 11 S. 41.) In eine Welt unklarer Empfindungen und Gefühle versenkt sich der Mystiker; in die klare Ideenwelt versenkt sich Goethe. Die Mystiker verachten die Klarheit der Ideen. Sie halten diese Klarheit für oberflächlich.

Sie ahnen nicht, was Menschen empfinden, welche die Gabe haben, sich in die belebte Welt der Ideen zu vertiefen. Es friert den Mystiker, wenn er sich der Ideenwelt hingibt. Er sucht einen Weltinhalt, der Wärme ausströmt. Aber der, welchen er findet, klärt über die Welt nicht auf. Er besteht nur in sujektiven Erregungen, in verworrenen Vorstellungen. Wer von der Kälte der Ideenwelt spricht, der kann Ideen nur denken, nicht erleben. Wer das wahrhafte Leben in der Ideenwelt lebt, der fühlt in sich das Wesen der Welt in einer Wärme wirken, die mit nichts zu vergleichen ist. Er fühlt das Feuer des Weltgeheimnisses in sich auflodern. So hat Goethe empfunden, als ihm die Anschauung der wirkenden Natur in Italien aufging. Damals wußte er, wie jene Sehnsucht zu stillen ist, die er in Frankfurt seinen Faust mit den Worten aussprechen läßt:

> „Wo faß' ich dich, unendliche Natur?
> Euch Brüste, wo? Ihr Quellen alles Lebens,
> An denen Himmel und Erde hängt,
> Dahin die welke Brust sich drängt —“.

Die Metamorphose der Welterscheinungen.

Den höchsten Grad der Reife erlangte Goethes Weltanschauung, als ihm die Anschauung der zwei großen Triebräder der Natur: die Bedeutung der Begriffe von Polarität und von Steigerung aufgieng.

(Vergl. den Aufsatz: Erläuterung zu dem Aufsatz „die Natur". Deutsche Nationallitteratur. Goethes Werke Band 34 S. 63 f.) Die Polarität ist den Erscheinungen der Natur eigen, insofern wir sie materiell denken. Sie besteht darin, daſs sich alles Materielle in zwei entgegengesetzten Zuständen äuſsert, wie der Magnet in einem Nordpol und einem Südpol. Diese Zustände der Materie liegen entweder offen vor Augen, oder sie schlummern in dem Materiellen und können durch geeignete Mittel in demselben erweckt werden. Die Steigerung kommt den Erscheinungen zu, insofern wir sie geistig denken. Sie kann beobachtet werden bei den Naturvorgängen, die unter die Idee der Entwicklung fallen. Auf den verschiedenen Stufen der Entwicklung zeigen diese Vorgänge die ihnen zu Grunde liegende Idee mehr oder weniger deutlich in ihrer äusseren Erscheinung. In der Frucht ist die Idee der Pflanze, das vegetabilische Gesetz, nur undeutlich in der Erscheinung ausgeprägt. Die Idee, die der Geist erkennt, und die Wahrnehmung sind einander unähnlich. „In den Blüten tritt das vegetabilische Gesetz in seine höchste Erscheinung, und die Rose wäre nur wieder der Gipfel dieser Erscheinung." In der Herausarbeitung des Geistigen aus dem Materiellen durch die schaffende Natur besteht das, was Goethe Steigerung nennt. Die Natur ist „in immerstrebendem Aufsteigen" begriffen, heiſst, sie sucht Gebilde zu schaffen, die, in aufsteigender Ordnung, die Ideen der Dinge auch in der äuſseren Erscheinung immer mehr zur Darstellung bringen. Goethe ist der Ansicht, daſs „die Natur kein Geheimnis habe, was sie nicht irgendwo dem aufmerksamen Beobachter nackt vor die

Augen stellt". Die Natur kann Erscheinungen
hervorbringen, von denen sich die Ideen für ein grofses
Gebiet verwandter Vorgänge unmittelbar ablesen lassen.
Es sind die Erscheinungen, in denen die Steigerung
ihr Ziel erreicht hat, in denen die Idee unmittelbare
Wahrnehmung wird. Der schöpferische Geist der Natur
tritt hier an die Oberfläche der Dinge; was an den
grob-materiellen Erscheinungen nur dem Denken er-
fafsbar ist, was nur mit geistigen Augen geschaut werden
kann: das wird in den gesteigerten dem leiblichen Auge
sichtbar. Alles Sinnliche ist hier auch geistig und alles
Geistige sinnlich. Durchgeistigt denkt sich Goethe die
ganze Natur. Ihre Formen sind dadurch verschieden, dafs
der Geist in ihnen mehr oder weniger auch äufserlich
sichtbar wird. Eine tote geistlose Materie kennt Goethe
nicht. Als solche erscheinen diejenigen Dinge, in denen
sich der Geist der Natur eine seinem ideellen Wesen
unähnliche äufsere Form gibt. Weil ein Geist in der
Natur und im menschlichen Innern wirkt, deshalb
kann der Mensch sich zur Teilnahme an den Produktionen der Natur erheben. „Vom Ziegelstein, der
dem Dache entstürzt, bis zum leuchtenden Geistes-
blitz, der dir aufgeht und den du mitteilst" gilt für
Goethe alles im Weltall als Wirkung, als Manifesta-
tion Eines schöpferischen Geistes. „Alle Wirkungen,
von welcher Art sie seien, die wir in der Erfahrung
bemerken, hängen auf die stetigste Weise zusammen,
gehen ineinander über; sie undulieren von der ersten
bis zur letzten." „Ein Ziegelstein löst sich vom Dache
los: wir nennen dies im gemeinen Sinne zufällig;
er trifft die Schultern eines Vorübergehenden, doch
wohl mechanisch; allein nicht ganz mechanisch, er

folgt den Gesetzen der Schwere, und so wirkt er
physisch. Die zerrissenen Lebensgefäße geben sogleich ihre Funktion auf; im Augenblicke wirken die
Säfte chemisch, die elementaren Eigenschaften treten
hervor. Allein das gestörte organische Leben wider-
setzt sich eben so schnell und sucht sich herzustellen;
indessen ist das menschliche Ganze mehr oder weniger
bewußtlos und psychisch zerrüttet. Die sich
wiedererkennende Person fühlt sich ethisch im tiefsten verletzt; sie beklagt ihre gestörte Thätigkeit,
von welcher Art sie auch sei, aber ungern ergäbe der
Mensch sich in Geduld. Religiös hingegen wird
ihm leicht, diesen Fall einer höheren Schickung zuzu-
schreiben, ihn als Bewahrung vor größerem Übel, als
Einleitung zu höherem Guten anzusehen. Dies reicht
hin für den Leidenden; aber der Genesende erhebt
sich genial, vertraut Gott und sich selbst und fühlt
sich gerettet, ergreift auch wohl das Zufällige, wendets
zu seinem Vorteil, um einen ewig frischen Lebens-
kreis zu beginnen." Als Modifikationen des Geistes
erscheinen Goethe alle Weltwirkungen, und der Mensch,
der sich in sie vertieft und sie beobachtet von der Stufe
des Zufälligen bis zu der des Genialen, durchlebt die
Metamorphose des Geistes von der Gestalt, in der sich
dieser in einer ihm unähnlichen äußeren Erscheinung
darstellt, bis zu der, wo er in seiner ihm ureigensten
Form erscheint. Einheitlich wirkend sind im Sinne
der Goetheschen Weltanschauung alle schöpferischen
Kräfte. Ein Ganzes, das sich in einer Stufenfolge von
verwandten Mannigfaltigkeiten offenbart, sind sie.
Goethe war aber nie geneigt, die Einheit der Welt
sich als einförmig vorzustellen. Oft verfallen die

Anhänger des Einheitsgedankens in den Fehler, die
Gesetzmäſsigkeit, die sich auf einem Erscheinungsgebiete beobachten läſst, auf die ganze Natur auszudehnen. In diesem Falle ist z. B. die mechanistische
Weltanschauung. Sie hat ein besonderes Auge und
Verständnis für das, was sich mechanisch erklären
läſst. Deshalb erscheint ihr das Mechanische als das
einzig Naturgemäſse. Sie sucht auch die Erscheinungen der organischen Natur auf mechanische Gesetzmäſsigkeit zurückzuführen. Ein Lebendiges ist
ihr nur eine complicierte Form des Zusammenwirkens
mechanischer Vorgänge. In besonders abstoſsender
Form fand Goethe eine solche Weltanschauung in
Holbachs „Système de la nature" ausgesprochen, das
ihm in Straſsburg in die Hände fiel. „Eine Materie
sollte sein von Ewigkeit, und von Ewigkeit her
bewegt, und sollte nun mit dieser Bewegung rechts
und links und nach allen Seiten, ohne weiteres, die
unendlichen Phänomene des Daseins hervorbringen.
Dies alles wären wir sogar zufrieden gewesen, wenn
der Verfasser wirklich aus seiner bewegten Materie
die Welt vor unsern Augen aufgebaut hätte. Aber
er mochte von der Natur so wenig wissen als wir;
denn indem er einige allgemeine Begriffe hinge-
pfahlt, verläſst er sie sogleich, um dasjenige, was
höher als die Natur, oder was als höhere Natur in der
Natur erscheint, zur materiellen, schweren, zwar bewegten, aber doch richtungs- und gestaltlosen Natur
zu verwandeln, und glaubt dadurch recht viel gewonnen zu haben" (Dichtung und Wahrheit 11. Buch).
In ähnlicher Weise hätte sich Goethe geäuſsert, wenn
er den Satz du Bois-Reymonds (Grenzen des Natur-

erkennens S. 13) hätte hören können: „Naturerkennen
ist Zurückführung der Veränderungen in der Körperwelt auf Bewegungen von Atomen, die durch deren
von der Zeit unabhängige Centralkräfte bewirkt werden,
oder Auflösung der Naturvorgänge in Mechanik
der Atome." Goethe dachte sich die Arten von
Naturwirkungen mit einander verwandt und in einander übergehend; aber er wollte sie nie auf eine
einzige Art zurückführen. Er trachtete nicht nach
einem abstrakten Prinzip, auf das alle Naturerscheinungen zurückgeführt werden sollen, sondern nach Beobachtung der charakteristischen Art, wie sich die
schöpferische Natur in jedem einzelnen ihrer Erscheinungsgebiete durch besondere Formen ihrer allgemeinen
Gesetzmäfsigkeit offenbart. Nicht eine Gedankenform
wollte er sämtlichen Naturerscheinungen aufzwängen,
sondern durch Einleben in verschiedene Gedanken-
formen wollte er sich den Geist so lebendig und bieg-
sam erhalten, wie die Natur selbst ist. Wenn die
Empfindung von der grofsen Einheit alles Naturwirkens
in ihm mächtig war, dann war er Pantheist. „Ich
für mich kann bei den mannigfaltigen Richtungen meines
Wesens, nicht an einer Denkweise genug haben; als
Dichter und Künstler bin ich Polytheist, Pantheist als
Naturforscher, und eines so entschieden als das andere.
Bedarf ich eines Gottes für meine Persönlichkeit als
sittlicher Mensch, so ist dafür auch schon gesorgt."
(An Jacobi, 6. Jan. 1813). Als Künstler wandte sich
Goethe an jene Naturerscheinungen, in denen die Idee
in unmittelbarer Anschauung gegenwärtig ist. Das
Einzelne erschien hier unmittelbar göttlich; die Welt
als eine Vielheit göttlicher Individualitäten. Als Natur-

forscher mußte Goethe auch in den Erscheinungen,
deren Idee nicht in ihrem individuellen Dasein sichtbar wird, die Kräfte der Natur verfolgen. Als Dichter
konnte er sich bei der Vielheit des Göttlichen be-
ruhigen; als Naturforscher mußte er die einheitlich
wirkenden Naturideen suchen. „Das Gesetz, das in
die Erscheinung tritt, in der größten Freiheit, nach
seinen eigensten Bedingungen, bringt das Objektiv-
Schöne hervor, welches freilich würdige Subjekte finden
muß, von denen es aufgefaßt wird." Dieses Objektiv-
Schöne im einzelnen Geschöpf will Goethe als Künstler
anschauen; aber als Naturforscher will er „die Gesetze
kennen, nach welchen die allgemeine Natur handeln
will." Polytheismus ist die Denkweise, die in dem
Einzelnen ein Geistiges sieht und verehrt; Pantheis-
mus die andere, die den Geist des Ganzen erfaßt.
Beide Denkweisen können nebeneinander bestehen; die
eine oder die andere macht sich geltend, je nachdem
der Blick auf das Naturganze gerichtet ist, das Leben
und Folge ist aus einem Mittelpunkte, oder auf diejenigen Individuen, in denen die Natur in e i n e r Form
vereinigt, was sie in der Regel über ein ganzes Reich
ausbreitet. Solche Formen entstehen, wenn z. B. die
schöpferischen Naturkräfte nach „tausendfältigen
Pflanzen" noch eine machen, worin „alle übrigen enthalten", oder „nach tausendfältigen Tieren ein Wesen,
das sie alle enthält: den M e n s c h e n."

*   *
*

Goethe macht einmal die Bemerkung: „Wer meine
Schriften und mein Wesen überhaupt verstehen ge-

lernt, wird doch bekennen müssen, daſs er eine gewisse innere Freiheit gewonnen." (Unterhaltungen mit dem Kanzler von Müller, 5. Jan. 1831.) Damit hat er auf die wirkende Kraft hingedeutet, die sich in allem menschlichen Erkenntnisstreben geltend macht. Solange der Mensch dabei stehen bleibt, die Gegenstände um sich her wahrzunehmen und ihre Gesetze als ihnen eingepflanzte Prinzipien zu betrachten, von denen sie beherrscht werden, hat er das Gefühl, daſs sie ihm als unbekannte Mächte gegenüberstehen, die auf ihn wirken und ihm die Gedanken ihrer Gesetze aufdrängen. Er fühlt sich den Dingen gegenüber unfrei; er empfindet die Gesetzmäſsigkeit der Natur als starre Notwendigkeit, der er sich zu fügen hat. Erst wenn der Mensch gewahr wird, daſs die Naturkräfte nichts anderes sind als Formen des Geistes, der in ihm selbst wirkt, geht ihm die Einsicht auf, daſs er der Freiheit teilhaftig ist. Die Naturgesetzlichkeit wird nur so lange als Zwang empfunden, so lange man sie als fremde Gewalt ansieht. Lebt man sich in ihre Wesenheit ein, so empfindet man sie als Kraft, die man auch selbst in seinem Innern bethätigt; man empfindet sich als produktiv mitwirkendes Element beim Werden und Wesen der Dinge. Man ist Du und Du mit aller Werdekraft. Man hat in sein eigenes Thun das aufgenommen, was man sonst nur als äuſseren Antrieb empfindet. Dies ist der Befreiungsprozeſs, den im Sinne der Goetheschen Weltanschauung der Erkenntnisakt bewirkt. Klar hat Goethe die Ideen des Naturwirkens angeschaut, als sie ihm aus den italienischen Kunstwerken entgegenblickten. Eine klare Empfindung hatte er auch von der befreienden Wirkung, die das Innehaben dieser Ideen auf den Menschen ausübt. Eine Folge dieser Empfindung ist seine Schilderung derjenigen Erkenntnisart, die er als die der umfassenden Geister bezeichnet. „Die Umfassenden, die man in einem stolzern Sinne die Erschaffenden nennen könnte, verhalten sich im höchsten Sinne produktiv; indem sie nämlich von Ideen ausgehen, sprechen sie die Einheit des Ganzen schon aus, und es ist gewissermafsen nachher die Sache der Natur sich in diese Idee zu fügen." Zu der unmittelbaren Anschauung des Befreiungsaktes hat es aber Goethe nie gebracht. Diese Anschauung kann nur derjenige haben, der sich selbst bei seinem Erkennen belauscht. Goethe hat zwar die höchste Erkenntnisart ausgeübt; aber er hat diese Erkenntnisart nicht an sich beobachtet. Gesteht er doch selbst:

> „Wie hast du's denn so weit gebracht?
> Sie sagen, du habest es gut vollbracht!"
> Mein Kind! Ich hab' es klug gemacht;
> Ich habe nie über das Denken gedacht.

Aber so wie die schöpferischen Naturkräfte „nach tausendfältigen Pflanzen" noch eine machen, worin „alle übrigen enthalten" sind, so bringen sie auch nach tausendfältigen Ideen noch eine hervor, worin die ganze Ideenwelt enthalten ist. Und diese Idee erfafst der Mensch, wenn er über sein Denken nachdenkt. Eben weil Goethes Denken stets mit den Gegenständen der Anschauung erfüllt war, weil sein Denken ein Anschauen, sein Anschauen ein Denken war: deshalb konnte er nicht dazu kommen, das Denken selbst zum Gegenstande des Denkens zu machen.

Die Idee der Freiheit gewinnt man aber nur durch die Anschauung des Denkens. An dem Zustandekommen aller übrigen Anschauungen ist der Mensch unbeteiligt. In ihm leben die Ideen dieser Anschauungen auf. Diese Ideen würden aber nicht da sein, wenn in ihm nicht die produktive Kraft vorhanden wäre, sie zur Erscheinung zu bringen. Wenn auch die Ideen der Inhalt dessen sind, was in den Dingen w i r k t; zum erscheinenden Dasein kommen sie durch die menschliche Thätigkeit. Die eigene Natur der Ideenwelt kann also der Mensch nur erkennen, wenn er seine Thätigkeit anschaut. Bei jeder anderen Anschauung durchdringt er nur die wirkende Idee; das Ding, in dem gewirkt wird, bleibt als Wahrnehmung aufserhalb seines Geistes. In der Anschauung der Idee ist Wirkendes und Bewirktes ganz in seinem Innern enthalten. Er hat den ganzen Prozefs restlos in seinem Innern gegenwärtig. Die Anschauung erscheint nicht mehr von der Idee hervorgebracht; denn die Anschauung ist jetzt selbst Idee. Diese Anschauung des sich selbst Hervorbringenden ist aber die Anschauung der Freiheit. Bei der Beobachtung des Denkens durchschaut der Mensch das Weltgeschehen. Er hat hier nicht nach einer Idee dieses Geschehens zu forschen; denn dieses Geschehen ist die Idee selbst. Der Mensch, der diese in sich selbst ruhende Thätigkeit anschaut, fühlt die Freiheit. Goethe hat diese Empfindung zwar e r l e b t, aber nie in der höchsten Form. Er ü b t e in seiner Naturbetrachtung eine freie Thätigkeit; aber sie wurde ihm nie gegenständlich. Er hat nie hinter die Kulissen des menschlichen Erkennens geschaut, und deshalb die Idee des Weltgeschehens in dessen ureigenster Gestalt, in seiner höchsten Metamorphose nie in sein Bewußtsein aufgenommen. Sobald der Mensch zur Anschauung dieser Metamorphose gelangt, bewegt er sich sicher im Reich der Dinge. Er hat in dem Mittelpunkte seiner Persönlichkeit den wahren Ausgangspunkt für alle Weltbetrachtung gewonnen. Er wird nicht mehr nach unbekannten Gründen, nach göttlichen Ursachen der Dinge forschen; er weiß, daß das höchste Erlebnis, dessen er fähig ist, in der Selbstbetrachtung der eigenen Wesenheit besteht. Wer ganz durchdrungen ist von den Gefühlen, die dieses Erlebnis hervorruft, der wird die wahrsten Verhältnisse zu den Dingen gewinnen. Bei wem das nicht der Fall ist, der wird die höchste Form des Daseins anderswo suchen, und, da er sie in der Erfahrung nicht finden kann, in einem unbekannten Gebiet der Wirklichkeit vermuten. Seine Betrachtung der Dinge wird etwas Unsicheres bekommen; er wird sich bei der Beantwortung der Fragen, die ihm die Natur stellt, fortwährend auf ein Unerforschliches berufen. Weil Goethe durch sein Leben in der Ideenwelt ein G e f ü h l hatte von dem festen Mittelpunkt innerhalb der Persönlichkeit, ist es ihm gelungen innerhalb bestimmter Grenzen im Naturbetrachten zu sicheren Begriffen zu kommen. Weil ihm aber die unmittelbare Anschauung des innersten Erlebnisses abging, tastet er außerhalb dieser Grenzen unsicher umher. Er redet aus diesem Grunde davon, daß der Mensch nicht geboren sei, die „Probleme der Welt zu lösen, wohl aber zu suchen, wo das Problem angeht, und sich sodann in der Grenze des Begreiflichen zu halten." Er sagt: „Kant hat unstreitig am meisten genützt, indem er Grenzen zog,

wie weit der menschliche Geist zu dringen fähig sei,
und daſs er die unauflöslichen Probleme liegen lieſs.“
Hätte ihm die Anschauung des höchsten Erlebnisses
Sicherheit in der Betrachtung der Dinge gegeben, so
hätte er auf seinem Wege mehr gekonnt als „durch ge-
regelte Erfahrung zu einer Art von bedingter Zuver-
lässigkeit gelangen“. Statt geradewegs durch die Erfahrung durchzuschreiten in dem Bewuſstsein, daſs das
Wahre nur eine Bedeutung hat, insoweit es von der
menschlichen Natur gefordert wird, gelangt er doch
zu der Überzeugung, daſs „ein höherer Einfluſs
die Standhaften, die Thätigen, die Verständigen, die
Geregelten und Regelnden, die Menschlichen, die
Frommen“ begünstige und daſs sich „die moralische
Weltordnung“ am schönsten da zeige, wo sie „dem
Guten, dem wacker Leidenden mittelbar zu Hilfe
kommt.“

*　　*
*

Weil Goethe das innerste menschliche Erlebnis
nicht kannte, war es ihm unmöglich, zu den Gedanken
über die sittliche Weltordnung zu gelangen, die zu
seiner Naturanschauung notwendig gehören. Die Ideen
der Dinge sind der Inhalt des in den Dingen Wirksamen und Schaffenden. Die sittlichen Ideen erlebt
der Mensch unmittelbar in der Ideenform. Wer zu
erleben imstande ist, wie in der Anschauung der Ideenwelt das Ideelle sich selbst zum Inhalt wird, sich mit
sich selbst erfüllt, der ist auch in der Lage, die Produktion des Sittlichen innerhalb der menschlichen
Natur zu erleben. Wer die Naturideen nur in ihrem
Verhältnis zu der Anschauungswelt kennt, der wird

auch die sittlichen Begriffe auf etwas ihnen Äußeres beziehen wollen. Er wird eine ähnliche Wirklichkeit für diese Begriffe suchen, wie sie für die aus der Erfahrung gewonnenen Begriffe vorhanden, ist. Wer aber Ideen in ihrer eigensten Wesenheit anzuschauen vermag, der wird bei den sittlichen gewahr, daß nichts Äußeres ihnen entspricht, daß sie unmittelbar als Ideen produziert werden. Ihm ist klar, daß weder ein göttlicher Wille, noch eine sittliche Weltordnung wirksam sind, um diese Ideen zu erzeugen. Denn es ist in ihnen nichts von einem Bezug auf solche Gewalten zu bemerken. Alles was sie aussprechen, ist in ihrer reinen Ideenform auch eingeschlossen. Nur durch ihren eigenen Inhalt wirken sie auf den Menschen als sittliche Mächte. Kein kategorischer Imperativ steht mit der Peitsche hinter ihnen und drängt den Menschen, ihnen zu folgen. Der Mensch empfindet, daß er sie selbst hervorgebracht hat und liebt sie, wie man sein Kind liebt. Die Liebe ist das Motiv des Handelns. Die Lust am eigenen Erzeugnis ist der Quell des Sittlichen.

Es gibt Menschen, die keine sittlichen Ideen zu produzieren vermögen. Sie nehmen diejenigen anderer Menschen durch Überlieferung in sich auf. Und wenn sie kein Anschauungsvermögen für Ideen als solche haben, erkennen sie den menschlichen Ursprung des Sittlichen nicht. Sie suchen ihn in einem übermenschlichen, göttlichen Willen. Oder sie glauben, daß eine außerhalb des Menschen bestehende objektive sittliche Weltordnung bestehe, aus der die moralischen Ideen stammen. In dem Gewissen des Menschen wird oft das Sprachorgan dieser Weltordnung gesucht. Wie in seiner übrigen Weltanschauung ist Goethe auch in seinen Gedanken über den Ursprung des Sittlichen unsicher. Auch hier treibt sein Gefühl für das Ideengemäfse Sätze hervor, die den Forderungen seiner Natur gemäfs sind. „Pflicht: wo man liebt, was man sich selbst befiehlt." Nur wer die Gründe des Sittlichen rein in dem Inhalt der sittlichen Ideen sieht, sollte sagen: „Lessing, der mancherlei Beschränkung unwillig fühlte, läfst eine seiner Personen sagen: Niemand mufs müssen. Ein geistreicher, frohgesinnter Mann sagte: Wer will, der mufs. Ein dritter, freilich ein Gebildeter, fügte hinzu: Wer einsieht, der will auch. Und so glaubte man den ganzen Kreis des Erkennens, Wollens und Müssens abgeschlossen zu haben. Aber im Durchschnitt bestimmt die Erkenntnis des Menschen, von welcher Art sie auch sei, sein Thun und Lassen; deswegen auch nichts schrecklicher ist, als die Unwissenheit handeln zu sehen." Dafs in Goethe ein Gefühl für die echte Natur des Sittlichen herrscht, welches sich nur nicht zur klaren Anschauung erhebt, zeigt folgender Ausspruch: „Der Wille mufs, um vollkommen zu werden, sich im Sittlichen dem Gewissen, das nicht irrt, fügen Das Gewissen bedarf keines Ahnherrn, mit ihm ist alles gegeben; es hat nur mit der eigenen innern Welt zu thun." Das Gewissen bedarf keines Ahnherrn, kann nur heifsen: der Mensch findet in sich keinen sittlichen Inhalt ursprünglich vor; er gibt sich ihn selbst. Diesen Aussprüchen stehen andere gegenüber, die den Ursprung des Sittlichen in ein Gebiet aufserhalb des Menschen verlegen: „Der Mensch, wie sehr ihn auch die Erde anzieht mit ihren tausend und abertausend Erscheinungen, hebt doch den Blick sehnend zum Himmel auf, weil er tief und klar in sich fühlt, daſs er ein Bürger jenes geistigen Reiches sei, woran wir den Glauben nicht abzulehnen, noch aufzugeben vermögen." „Was gar nicht aufzulösen ist, überlassen wir Gott als dem allbedingenden und allbefreienden Wesen."

*   *   *

Für die Betrachtung der innersten Menschennatur, für die Selbstbeschauung fehlt Goethe das Organ. „Hierbei bekenne ich, daſs mir von jeher die groſse und so bedeutend klingende Aufgabe: erkenne dich selbst, immer verdächtig vorkam, als eine List geheim verbündeter Priester, die den Menschen durch unerreichbare Forderungen verwirren und von der Thätigkeit gegen die Auſsenwelt zu einer innern falschen Beschaulichkeit verleiten wollten. Der Mensch kennt nur sich selbst, insofern er die Welt kennt, die er nur in sich und sich nur in ihr gewahr wird. Jeder neue Gegenstand, wohl beschaut, schlieſst ein neues Organ in uns auf." Davon ist gerade das Umgekehrte wahr: der Mensch kennt die Welt nur, insofern er sich kennt. Denn in seinem Innern offenbart sich in ureigenster Gestalt, was in den Auſsendingen nur im Abglanz, im Beispiel, Symbol als Anschauung vorhanden ist. Wovon der Mensch sonst nur als von einem Unergründlichen, Unerforschlichen, Göttlichen sprechen kann: das tritt ihm in der Selbstanschauung in wahrer Gestalt vor Augen. Weil er in der Selbstanschauung das Ideelle in unmittelbarer Gestalt sieht, gewinnt er die Kraft und Fähigkeit, dieses Ideelle auch in aller äufseren Erscheinung, in der ganzen Natur aufzusuchen und anzuerkennen. Wer den Augenblick der Selbstanschauung erlebt hat, denkt nicht mehr daran, hinter den Erscheinungen einen verborgenen Gott zu suchen; er ergreift das Göttliche in seinen verschiedenen Metamorphosen in der Natur. Goethe bemerkt in Beziehung auf Schelling: „Ich würde ihn öfters sehen, wenn ich nicht noch auf poetische Momente hoffte, und die Philosophie zerstört bei mir die Poesie, und das wohl deshalb, weil sie mich ins Objekt treibt, indem ich mich nie rein spekulativ erhalten kann, sondern gleich zu jedem Satze eine Anschauung suchen mufs und deshalb gleich in die Natur hinaus fliehe." Die höchste Anschauung, die Anschauung der Ideenwelt selbst, hat er eben nicht finden können. Sie kann die Poesie nicht zerstören, denn sie befreit den Geist nur von allen Vermutungen, dafs in der Natur ein Unbekanntes, Unergründliches sein könne. Dafür aber macht sie ihn fähig, sich unbefangen, ganz den Dingen hinzugeben; denn sie gibt ihm die Überzeugung, dafs aus der Natur alles zu entnehmen ist, was der Geist von ihr nur wünschen kann.

Die höchste Anschauung befreit aber den Menschengeist auch von allem Abhängigkeitsgefühl. Er fühlt sich durch ihren Besitz souverän im Reiche der sittlichen Weltordnung. Er weifs, dafs die Triebkraft, die alles hervorbringt, in seinem Innern als sein eigener Wille wirkt, und dafs die höchsten Entscheidungen über Sittliches in ihm selbst liegen. Denn diese höchsten Entscheidungen fliefsen aus der Welt der sittlichen Ideen, die der Mensch selbst produziert.

Mag der Mensch im einzelnen sich beschränkt fühlen,
mag er auch von tausend Dingen abhängig sein; im
ganzen gibt er sich sein sittliches Ziel und seine
sittliche Richtung. Das Wirksame aller übrigen Dinge
kommt im Menschen als Idee zur Erscheinung; das
Wirksame im Menschen ist die Idee, die er selbst hervorbringt. In jeder einzelnen menschlichen Individualität vollzieht sich der Prozeſs, der im Ganzen der
Natur sich abspielt: die Schöpfung eines Tatsächlichen aus der Idee heraus. Und der Mensch selbst
ist der Schöpfer. Denn auf dem Grunde seiner Persönlichkeit lebt die Idee, die sich selbst einen Inhalt gibt. Über Goethe hinausgehend, muſs man
seinen Satz erweitern, die Natur sei „in dem Reichtum
der Schöpfung so groſs, nach tausendfältigen Pflanzen
eine zu machen, worin alle übrigen enthalten sind,
und nach tausendfältigen Tieren ein Wesen, das sie
alle enthält, den Menschen". Die Natur ist in ihrer
Schöpfung so groſs, daſs sie den Prozeſs, durch den
sie frei aus der Idee heraus alle Geschöpfe hervorbringt, in jedem Menschenindividuum wiederholt, indem die sittlichen Handlungen aus dem ideellen Grunde
der Persönlichkeit entspringen. Was der Mensch auch
als objektiven Grund seines Handelns empfindet, es ist
alles nur Umschreibung und zugleich Verkennung seiner
eigenen Wesenheit. Sich selbst realisiert der Mensch in
seinem sittlichen Handeln. In lapidaren Sätzen hat Max
Stirner diese Erkenntnis in seiner Schrift „Der Einzige und sein Eigentum" ausgesprochen. „Eigner bin
ich meiner Gewalt, und ich bin es dann, wenn ich mich
als Einzigen weiſs. Im Einzigen kehrt selbst der
Eigner in sein schöpferisches Nichts zurück, aus

welchem er geboren wird. Jedes höhere Wesen über mir, sei es Gott, sei es der Mensch, schwächt das Gefühl meiner Einzigkeit und erbleicht erst vor der Sonne dieses Bewusstseins. Stell' ich auf mich, den Einzigen, meine Sache, dann steht sie auf dem vergänglichen, dem sterblichen Schöpfer seiner, der sich selbst verzehrt, und ich darf sagen: ich hab' mein Sach' auf Nichts gestellt." Aber zugleich darf ich, wie Faust zu Mephistopheles sagen: „In deinem Nichts hoff' ich das All zu finden", denn in meinem Innern wohnt in individueller Bildung die Wirkungskraft, durch welche die Natur das All schafft. So lange der Mensch in sich diese Wirkungskraft nicht geschaut hat, wird er sich ihr gegenüber erscheinen wie Faust dem Erdgeist gegenüber. Sie wird ihm stets die Worte zurufen: „Du gleichst dem Geist, den du begreifst, nicht mir!" Erst die Anschauung des tiefsten Innenlebens zaubert diesen Geist hervor, der von sich sagt:

> In Lebensfluten, im Thatensturm
> Wall' ich auf und ab,
> Webe hin und her!
> Geburt und Grab,
> Ein ewiges Meer,
> Ein wechselnd Weben,
> Ein glühend Leben.
> So schaff' ich am sausenden Webstuhl der Zeit
> Und wirke der Gottheit lebendiges Kleid.

Ich habe in meiner „Philosophie der Freiheit" (Weimar, Emil Felbers Verlag 1894) darzustellen versucht, wie die Erkenntnis, daſs der Mensch in seinem Tun auf sich selbst gestellt ist, hervorgeht aus dem

innersten Erlebnis, aus der Anschauung der eigenen
Wesenheit. Stirner hat bereits 1844 die Ansicht ver-
teidigt, daſs der Mensch, wenn er sich wahrhaft versteht, nur in sich selbst den Grund für seine Wirksamkeit sehen könne. Bei ihm geht aber diese Erkenntnis nicht aus der Anschauung des innersten Erlebnisses, sondern aus dem Gefühle der Freiheit und
Ungebundenheit gegenüber allen, Zwang heischenden
Weltmächten hervor. Stirner bleibt bei der Forderung der Freiheit stehen; ich versuche das Leben in
der Freiheit zu schildern, indem ich zeige, was der
Mensch erblickt, wenn er auf den Grund seiner
Seele sieht. Goethe ist bis zu der Anschauung der
Freiheit nicht gekommen, weil er eine Abneigung
gegen die Selbsterkenntnis hatte. Wäre das nicht
der Fall gewesen, so hätte die Erkenntnis des Menschen
als einer freien, auf sich selbst gegründeten Persönlichkeit die Spitze seiner Weltanschauung bilden müssen.
Die Keime zu dieser Erkenntnis treten uns bei ihm
überall entgegen; sie sind zugleich die Keime seiner
Naturansicht.

*   *
*

Innerhalb seiner eigentlichen Naturstudien spricht
Goethe nirgends von unerforschlichen Gründen, von
verborgenen Triebkräften der Erscheinungen. Er begnügt sich damit, die Erscheinungen in ihrer Folge
zu beobachten und sie mit Hilfe derjenigen Elemente
zu erklären, die sich den Sinnen und dem Geiste bei
der Beobachtung offenbaren. Am 5. Mai 1786 schreibt
er in diesem Sinne an Jacobi, daſs er den Mut habe,

sein „ganzes Leben der Betrachtung der Dinge zu widmen, die er reichen" und von deren Wesenheit er sich „eine adäquate Idee zu bilden hoffen kann", ohne sich im mindesten zu bekümmern, wie weit er kommen werde, und was ihm zugeschnitten ist. Wer sich dem Göttlichen in dem einzelnen Naturdinge zu nähern glaubt, der braucht sich nicht mehr eine besondere Vorstellung von einem Gotte zu bilden, der aufser und neben den Dingen existiert. Nur wenn Goethe das Gebiet der Natur verlässt, dann hält auch sein Gefühl für die Wesenheit der Dinge nicht mehr stand. Dann führt ihn der Mangel an menschlicher Selbsterkenntnis zu Behauptungen, die weder mit seiner ihm angeborenen Denkweise, noch mit der Richtung seiner Naturstudien zu vereinigen sind. Wer Neigung hat, sich auf solche Behauptungen zu berufen, der mag annehmen, dafs Goethe an einen persönlichen Gott und eine individuelle Fortdauer des Individuums geglaubt habe. Mit seinen Naturstudien steht ein solcher Glaube im Widerspruch. Sie hätten nie die Richtung nehmen können, die sie genommen haben, wenn sich Goethe bei ihnen von diesem Glauben hätte bestimmen lassen. Es wird Aufgabe einer besonderen Schrift sein, die psychologischen Gründe blofszulegen, die Goethe trotz der Richtung seiner Naturstudien zu Aussprüchen führten, die auf einen bei ihm vorhandenen Glauben an einen persönlichen Gott und an eine individuelle Fortdauer deuten. Als die Naturstudien in Goethes Lebensführung zurücktraten, nahm er christliche und selbst mystische Elemente in sein Vorstellungsleben auf. Und mit zunehmendem Alter nahmen auch diese Elemente an Bedeutung für seine Weltanschauung zu

Hier habe ich mir weder die Aufgabe gestellt, die
aufsteigende Entwicklung Goethes zu zeigen, die
darin besteht, daſs sein eigenes Wesen den Einfluſs
der christlich-religiösen und philosophisch-platonischen
Vorstellungen, die in seiner Jugend an ihn herantraten,
allmählich überwand und sich selbst herausarbeitete;
noch wollte ich die absteigende Entwicklung charakterisieren, die ihn wieder zu christlichen und mystischen
Vorstellungen hinführte. Er selbst sah die Änderung
der Weltanschauung als Folge der verschiedenen Lebens-
alter an. Als Förster die Ansicht aussprach, die Lösung
des Faust-Problems werde sich aus dem Worte ergeben: „Ein guter Mensch in seinem dunkelen Drange
ist sich des rechten Weges wohl bewuſst" entgegnete
Goethe: „Das wäre ja Aufklärung; Faust endet als
Greis, und im Greisenalter werden wir Mystiker"
(aus Försters Nachlaſs S. 216). Und in den Prosa-
sprüchen lesen wir: „Jedem Alter des Menschen ant-
wortet eine gewisse Philosophie. Das Kind erscheint
als Realist; denn es findet sich so überzeugt von dem
Dasein der Birnen und Äpfel als von dem seinigen.
Der Jüngling, von inneren Leidenschaften bestürmt,
muſs auf sich selbst merken, sich vorfühlen, er wird
zum Idealisten umgewandelt. Dagegen ein Sceptiker
zu werden, hat der Mann alle Ursache; er thut wohl
zu zweifeln, ob das Mittel, das er zum Zwecke gewählt
hat, auch das rechte sei. Vor dem Handeln, im
Handeln hat er alle Ursache, den Verstand beweglich
zu erhalten, damit er nicht nachher sich über eine
falsche Wahl zu betrüben habe. Der Greis jedoch
wird sich immer zum Mysticismus bekennen; er sieht,
daſs so vieles vom Zufall abzuhängen scheint; das

Unvernünftige gelingt, das Vernünftige schlägt fehl, Glück und Unglück stellen sich unerwartet ins gleiche; so ist es, so war es, und das hohe Alter beruhigt sich in dem: der da ist, der da war und der da sein wird" (vergl. Goethes Werke ein Kürschners Deutscher Nat.-Litt. Band 36,2).

Ich habe in dieser Schrift d i e Weltanschauung Goethes im Auge, aus der seine Einsichten in das Leben der Natur hervorgewachsen sind und welche die treibende Kraft in ihm war von der Entdeckung des Zwischenknochens beim Menschen bis zur Vollendung der Farbenlehre. Und ich glaube gezeigt zu haben, daſs d i e s e Weltanschauung vollkommener der Gesamtpersönlichkeit Goethes entspricht, als die Ansichten seiner Jugend- und auch die seiner Altersepoche. Ich glaube, Goethe hat in seinen Naturstudien, wenn auch nicht geleitet von einer klaren, ideengemäſsen Selbsterkenntnis, so doch von einem richtigen Gefühle, eine f r e i e aus dem wahren Verhältnis der menschlichen Natur zur Auſsenwelt flieſsende Verfahrungsweise beobachtet. Goethe ist sich selbst darüber klar, daſs in seiner Denkweise etwas Unvollendetes liegt: „Ich war mir edler, groſser Zwecke bewuſst, k o n n t e a b e r n i e m a l s d i e B e d i n g u n g e n b e g r e i f e n, u n t e r d e n e n i c h w i r k t e; was mir mangelte, merkte ich wohl, was an mir zu viel sei, gleichfalls; deshalb unterlieſs ich es nicht, mich zu bilden, nach auſsen und von innen. Und doch blieb es beim Alten. Ich verfolgte jeden Zweck mit Ernst, Gewalt und Treue; dabei gelang mir oft, widerspenstige Bedingungen vollkommen zu überwinden, oft aber auch scheiterte ich daran, weil ich nachgeben und umgehen nicht lernen konnte. Und so ging mein Leben hin unter Thun und Genießen, Leiden und Widerstreben, unter Liebe, Zufriedenheit, Haſs und Miſsfallen Anderer. Hieran spiegele sich, dem das gleiche Schicksal geworden!"

Die Anschauungen über Natur und Entwicklung der Lebewesen.

Die Metamorphosenlehre.

Man kann Goethes Verhältnis zu den Naturwissen-
schaften nicht verstehen, wenn man sich blofs an die
Einzelentdeckungen hält, die er gemacht hat. Ich
sehe als leitenden Gesichtspunkt für die Betrachtung
dieses Verhältnisses die Worte an, die Goethe am
18. August 1787 von Italien aus an Knebel gerichtet
hat: „Nach dem, was ich bei Neapel, in Sizilien von
Pflanzen und Fischen gesehen habe, würde ich, wenn
ich zehn Jahre jünger wäre, sehr versucht sein, eine
Reise nach Indien zu machen, nicht um Neues zu
entdecken, sondern um das Entdeckte nach
meiner Art anzusehen.“ Auf die Art, wie Goethe
die ihm bekannten Naturerscheinungen in einer seiner
Denkungsart gemäfsen Naturansicht zusammengefafst
hat, scheint es mir anzukommen. Wenn alle die Einzelentdeckungen, die ihm gelungen sind, schon vor ihm
gemacht gewesen wären, und er uns nichts als seine
Naturansicht gegeben hätte, so schmälerte dies
die Bedeutung seiner Naturstudien nicht im geringsten.
Ich bin mit du Bois-Reymond einer Meinung darüber,
dafs „auch ohne Goethes Beteiligung die Wissenschaft
heute so weit wäre, wie sie ist“, dafs „die ihm ge-

lungenen Schritte früher oder später andere gethan hätten." (Goethe und kein Ende S. 31). Ich kann diese Worte nur nicht, wie es du Bois-Reymond tut, auf den ganzen Umfang von Goethes naturwissenschaftlichen Arbeiten beziehen. Ich beschränke sie auf die in ihrem Verlaufe gemachten Einzelentdeckungen. Keine einzige derselben würde uns wahrscheinlich heute fehlen, wenn Goethe sich nie mit Botanik, mit Anatomie u. s. w. beschäftigt hätte. Seine Naturansicht aber ist ein Ausfluß seiner Persönlichkeit; kein Anderer hätte zu ihr kommen können. Ihn interessierten auch nicht die Einzelentdeckungen. Sie drängten sich ihm während seiner Studien von selbst auf, weil über die Tatsachen, die sie betreffen, zu seiner Zeit Ansichten Geltung hatten, die unvereinbar mit seiner Art, die Dinge anzusehen, waren. Hätte er mit dem, was die Naturwissenschaft ihm überlieferte, seine Anschauung aufbauen können: so würde er sich nie mit Detailstudien beschäftigt haben. Er mußte ins Einzelne gehen, weil das, was ihm über das Einzelne von den Naturforschern gesagt wurde, seinen Forderungen nicht entsprach. Und nur wie zufällig ergaben sich bei diesen Detailstudien die Einzelentdeckungen. Ihn beschäftigte zunächst nicht die Frage: ob der Mensch wie die übrigen Tiere einen Zwischenkieferknochen in der oberen Kinnlade habe. Er wollte den Plan entdecken, nach dem die Natur die Stufenfolge der Tiere und auf der Höhe dieser Stufenfolge den Menschen bildet. Das gemeinsame Urbild, das allen Tiergattungen und zuletzt in seiner höchsten Vollkommenheit auch der Menschengattung zu Grunde liegt, wollte er finden. Die Naturforscher sagten ihm: es besteht ein Unterschied im Bau des tierischen und des menschlichen Körpers. Die Tiere haben in der oberen Kinnlade den Zwischenknochen, der Mensch hat ihn nicht. Seine Ansicht war, daſs sich der menschliche Bau nur dem Grade der Vollkommenheit nach von dem tierischen unterscheiden könne, nicht aber in Einzelheiten. Denn, wenn das letztere der Fall wäre, könnte nicht ein gemeinsames Urbild der tierischen und der menschlichen Organisation zu Grunde liegen. Er konnte mit der Behauptung der Naturforscher nichts anfangen. Deshalb suchte er nach dem Zwischenknochen beim Menschen und fand ihn. Ähnliches ist bei allen seinen Einzelentdeckungen zu beobachten. Sie sind ihm nie Selbstzweck. Sie müssen gemacht werden, um seine Vorstellungen über die Naturerscheinungen als berechtigt erscheinen zu lassen.

Im Gebiete der organischen Naturerscheinungen ist das Bedeutsame in Goethes Ansicht die Vorstellung, die er vom Wesen des Lebens ausbildete. Nicht auf die Betonung der Tatsache, daſs Blatt, Kelch, Krone u. s. w. Organe an der Pflanze sind, die mit einander identisch sind, und sich aus einem gemeinschaftlichen Grundgebilde entwickeln, kommt es an. Sondern darauf, welche Vorstellung Goethe von dem Ganzen der Pflanzennatur als einem Lebendigen hatte und wie er sich das Einzelne aus diesem Ganzen hervorgehend dachte. Seine Idee von dem Wesen des Organismus ist seine ureigenste zentrale Entdeckung im Gebiete der Biologie zu nennen. Daſs sich in der Pflanze, in dem Tiere etwas anschauen lasse, was der bloſsen Sinnenbeobachtung nicht zugänglich ist, war Goethes Grundüberzeugung. Was das leibliche Auge an dem Organismus beobachten kann, scheint Goethe nur die Folge zu sein des lebendigen Ganzen durcheinander wirkender Bildungsgesetze, die dem geistigen Auge allein zugänglich sind. Was er mit dem geistigen Auge an der Pflanze, an dem Tier erschaut, das hat er beschrieben. Nur wer ebenso wie er zu sehen fähig ist, kann seine Idee von dem Wesen des Organismus nachdenken. Wer bei dem stehen bleibt, was die Sinne und das Experiment liefern, der kann Goethe nicht verstehen. Wenn wir seine beiden Gedichte lesen „die Metamorphose der Pflanzen“ und „die Metamorphose der Tiere“, so scheint es zunächst, als ob die Worte uns nur von einem Glied des Organismus zum andern führten, als ob bloſs äuſserlich Tatsächliches verknüpft werden sollte. Wenn wir uns aber durchdringen mit dem, was Goethe als Idee des Lebewesens vorschwebt, dann fühlen wir uns in die Sphäre des Lebendig-Organischen versetzt, und aus einer centralen Vorstellung wachsen die Vorstellungen über die einzelnen Organe hervor.

*   *   *

Als Goethe anfieng selbständig über die Erscheinungen der Natur nachzusinnen, nahm vor allem Andern der Begriff des Lebens seine Aufmerksamkeit in Anspruch. In einem Briefe aus der Straſsburger Zeit vom 14. Juli 1770 schreibt er von einem Schmetterling: „Das arme Tier zittert im Netz, streift sich die schönsten Farben ab; und wenn man es ja unversehrt erwischt, so steckt es doch endlich steif

und leblos da; der Leichnam ist nicht das ganze Tier,
es gehört noch etwas dazu, noch ein Hauptstück und
bei der Gelegenheit, wie bei jeder andern, ein haupt-
sächliches Hauptstück: das Leben." — Daſs ein
Organismus nicht wie ein totes Naturprodukt betrachtet
werden kann, daſs noch mehr darin steckt als die
Kräfte, die auch in der unorganischen Natur leben,
war Goethe von vornherein klar. Wenn du Bois-
Reymond meint, daſs „die rein mechanische Weltkonstruktion, welche heute die Wissenschaft aus-
macht, dem Weimarschen Dichterfürsten nicht minder
verhaſst gewesen wäre, als einst Friederikens Freund
das système de la natur", so hat er unzweifelhaft
Recht; und nicht minder hat er Recht mit den andern
Worten: von dieser Weltkonstruktion, die „durch die
Urzeugung an die Kant-Laplacesche Theorie grenzt,
von der Entstehung des Menschen aus dem Chaos
durch das von Ewigkeit zu Ewigkeit mathematisch bestimmte Spiel der Atome, von dem
eisigen Weltende — von diesen Bildern, welche unser
Geschlecht so unfühlend ins Auge faſst, wie es sich
an die Schrecknisse des Eisenbahnfahrens gewöhnte —
hätte Goethe sich schaudernd abgewandt (Goethe
und kein Ende S. 35 f.). Gewiſs hätte er sich
schaudernd abgewandt, weil er einen höhern Begriff
des Lebendigen suchte und ihn auch fand als den
eines komplizierten, mathematisch bestimmten Mechanismus. Nur wer unfähig ist, einen solchen höhern
Begriff zu fassen und das Lebendige mit dem Mechanischen identifiziert, weil er am Organismus nur das
Mechanische zu sehen vermag, der wird sich für die
mechanische Weltkonstruktion und ihr Spiel der

Atome erwärmen und unfühlend die Bilder ins Auge
fassen, die du Bois-Reymond entwirft. Wer aber den
Begriff des Organischen im Sinne Goethes in sich aufnehmen kann, der wird über seine Berechtigung ebensowenig streiten wie über das Vorhandensein des Mechanischen. Man streitet ja auch nicht mit dem Farben-
blinden über die Farbenwelt. Alle Anschauungen, welche
das Organische sich mechanisch vorstellen, verfallen
dem Richterspruch, den Goethe seinen Faust sagen
läfst:

> „Wer will was Lebendiges erkennen und beschreiben
> Sucht erst den Geist herauszutreiben;
> Dann hat er die Teile in der Hand,
> Fehlt, leider! nur das geistige Band."

*   *   *

Die Möglichkeit, sich intimer mit dem Leben
der Pflanzen zu beschäftigen, fand sich für Goethe,
als ihm der Herzog Karl August am 21. April
1776 einen Garten schenkte. Auch durch die Streif-
züge im Thüringerwald, auf denen er die Lebenserscheinungen der niederen Organismen beobachten
konnte, wird Goethe angeregt. Moose und Flechten
nehmen seine Aufmerksamkeit in Anspruch. Am
31. Oktober bittet er Frau von Stein um Moose von
allen Sorten, womöglich mit den Wurzeln und feucht,
damit er sie benützen könne, um die Fortpflanzung
zu beobachten. Es ist wichtig, im Auge zu behalten,
dafs Goethe sich im Anfange seiner botanischen Studien
mit den niederen Pflanzenformen beschäftigte. Denn
er hat später bei der Konzeption seiner Idee der

Urpflanze nur die höheren Pflanzen berücksichtigt. Dies kann also nicht davon herrühren, daſs ihm das Gebiet der niederen fremd war, sondern davon, daſs er die Geheimnisse der Pflanzennatur an den höheren deutlicher ausgeprägt glaubte. Er wollte die Idee der Natur da aufsuchen, wo sie sich am klarsten offenbart und dann von dem Vollkommenen zum Unvollkommenen herabsteigen, um dieses aus jenem zu begreifen. Nicht das Zusammengesetzte wollte er durch das Einfache erklären; sondern jenes mit einem Blick aus wirkendes Ganzes überschauen und dann das Einfache und Unvollkommene als einseitige Ausbildung des Zusammengesetzten und Vollkommenen erklären. Wenn die Natur fähig ist, nach unzähligen Pflanzenformen noch eine zu machen, die sie alle enthält, so muſs auch dem Geiste beim Anschauen dieser vollkommenen Form das Geheimnis der Pflanzenbildung in unmittelbarer Anschauung aufgehen, und er wird dann leicht das an dem Vollkommenen Beobachtete auf das Unvollkommene anwenden können. Umgekehrt machen es die Naturforscher, die das Vollkommene nur als eine mechanische Summe der einfachen Vorgänge ansehen. Sie gehen von diesem Einfachen aus und leiten das Vollkommene von demselben ab.

Als sich Goethe nach einem wissenschaftlichen Führer für seine botanischen Studien umsah, konnte er keinen andren finden als Linné. Wir erfahren von seiner Beschäftigung mit Linné zuerst aus den Briefen an Frau von Stein vom Jahre 1782. Wie ernst es Goethe mit seinen naturwissenschaftlichen Bestrebungen war, geht aus dem Interesse hervor, das er an Linnés Schriften genommen hat. Er gesteht,

dafs nach Shakespeare und Spinoza auf ihn die gröfste
Wirkung von Linné ausgegangen ist. Aber wie wenig
konnte ihn Linné befriedigen. Goethe wollte die verschiedenen Pflanzenformen beobachten, um das Gemeinsame, das in ihnen lebt, zu erkennen. Er wollte
wissen, was alle diese Gebilde zu Pflanzen macht.
Und Linné hatte sich damit begnügt, die mannigfaltigsten Pflanzenformen in einer bestimmten Ordnung
nebeneinander zu stellen und zu beschreiben. Hier stiefs
Goethes naive, unbefangene Naturbeobachtung in einem
einzelnen Falle auf die durch den Platonismus beein-
flufste Denkweise der Wissenschaft. Diese Denkweise
sieht in den einzelnen Formen Verwirklichungen ur-
sprünglicher, nebeneinander bestehender platonischer
Ideen oder Schöpfungsgedanken. Goethe sieht in dem
einzelnen Gebilde nur eine besondere Ausgestaltung
eines ideellen Urwesens, das in allen Formen lebt.
Jene Denkweise will möglichst genau die einzelnen
Formen unterscheiden, um die Vielgliedrigkeit der
Ideenformen, oder des Schöpfungsplanes zu erkennen;
Goethe will die Vielgliedrigkeit des Besonderen aus der
ursprünglichen Einheit erklären. Dafs vieles in mannigfaltigen Formen da ist, ist für jene Denkungsart ohne
weiteres klar, denn schon die idealen Urbilder sind für
sie das Mannigfaltige. Für Goethe ist das nicht klar,
denn das Viele gehört nach seiner Ansicht nur zusammen,
wenn sich Eines darin offenbart. Goethe sagt deshalb,
was Linné „mit Gewalt auseinander zu halten suchte,
mufste, nach dem innersten Bedürfnis meines Wesens,
zur Vereinigung anstreben". Linné nimmt die vorhandenen Formen einfach hin, ohne darnach zu fragen,
wie sie aus einer Grundform geworden sind: „Spezies

zählen wir so viele, als verschiedene Formen im Prinzip geschaffen worden sind:" dies ist sein Grundsatz. Goethe sucht im Pflanzenreich das Wirksame, das durch Spezifizierung der Grundform das Einzelne schafft.

Ein naiveres Verhältnis zur Pflanzenwelt als bei Linné fand Goethe bei Rousseau. Am 16. Juni 1782 schreibt er an Karl August: „In Rousseaus Werken finden sich allerliebste Briefe über die Botanik, worin er diese Wissenschaft auf das faſslichste und zierlichste einer Dame vorträgt. Es ist recht ein Muster, wie man unterrichten soll und eine Beilage zum Emil. Ich nehme daher Anlaſs, das schöne Reich der Blumen meinen schönen Freundinnen aufs neue zu empfehlen." In seiner „Geschichte meines botanischen Studiums" legt Goethe dar, was ihn zu Rousseaus botanischen Ideen hingezogen hat: „Sein Verhältnis zu Pflanzenfreunden und Kennern, besonders zu der Herzogin von Portland, mag seinen Scharfblick mehr in die Breite gewiesen haben, und ein Geist wie der seinige, der den Nationen Ordnung und Gesetz vorzuschreiben sich berufen fühlt, muſste doch zu der Vermutung gelangen, daſs in dem unermeſslichen Pflanzenreiche keine so groſse Mannigfaltigkeit der Formen erscheinen könnte, ohne daſs ein Grundgesetz, es sei noch so verborgen, sie wieder sämtlich zur Einheit zurückbrächte." Ein solches Grundgesetz, das die Mannigfaltigkeit zur Einheit zurückbringt, von der sie ursprünglich ausgegangen ist, sucht auch Goethe.

Zwei Schriften vom Freiherrn von Gleichen, genannt Ruſswurm, fielen damals in Goethes geistigen Horizont. Sie behandeln beide das Leben der Pflanze

in einer Weise, die für ihn fruchtbar werden konnte:
„Das Neueste aus dem Reiche der Pflanzen" (Nürnberg 1764) und „Auserlesene mikroskopische Entdeckungen bei den Pflanzen" (Nürnberg 1777—81).
Sie beschäftigen sich mit den Befruchtungsvorgängen der Pflanzen. Blütenstaub, Staubfäden und Stempel sind in ihnen sorgfältig beschrieben und in gut ausgeführten Tafeln die Vorgänge bei der Befruchtung dargestellt. Goethe macht nun selbst Versuche, um die von Gleichen-Rußwurm beschriebenen Ergebnisse mit eigenen Augen zu beobachten. Er schreibt am 12. Januar 1785 an Frau von Stein: „Mein Mikroskop ist aufgestellt, um die Versuche des Gleichen, genannt Rußwurm, mit Frühlingsantritt nachzubeobachten und zu kontrollieren." Zur selben Zeit studiert er die Wesenheit des Samens, wie aus einem Bericht an Knebel vom 2. April 1785 hervorgeht: „Die Materie vom Samen habe ich durchgedacht, so weit meine Erfahrungen reichen." Diese Beobachtungen Goethes erscheinen erst im rechten Lichte wenn man berücksichtigt, daß er schon dazumal nicht bei ihnen stehen geblieben ist, sondern eine Gesamtanschauung der Naturvorgänge zu gewinnen suchte, der sie zur Stütze und Bekräftigung dienen sollten. Am 8. April desselben Jahres meldet er Knebel, daß er nicht nur Thatsachen beobachtet, sondern auch „hübsche Kombinationen" über diese Thatsachen gemacht habe.

*   *

Von wesentlichem Einfluſs auf die Ausbildung
der Ideen Goethes über organische Naturwirkungen
war der Anteil, den er an Lavaters groſsem Werke:
„Physiognomische Fragmente zur Beförderung der
Menschenkenntnis und Menschenliebe", nahm, das in
den Jahren 1775 bis 1778 erschienen ist. Er hat selbst
Beiträge zu diesem Werke geliefert. In der Art, wie
er sich in diesen Beiträgen ausspricht, ist seine spätere
Weise, das Organische anzusehen, schon vorgebildet.
Lavater blieb dabei stehen, die Gestalt des menschlichen Organismus als Ausdruck der Seele zu behandeln. Er wollte aus den Formen der Körper die
Charaktere der Seelen deuten. Goethe fieng bereits damals an, die äuſsere Gestalt um ihrer selbst willen
zu betrachten, ihre eigene Gesetzmäſsigkeit und Bildungskraft zu studieren. Er beschäftigt sich zugleich
mit den Schriften des Aristoteles über die Physiognomik und versucht es, auf Grundlage des Studiums
der organischen Gestalt, den Unterschied des Menschen
von den Tieren festzustellen. Er findet diesen in dem
durch das Ganze des menschlichen Baues bedingten
Hervortreten des Kopfes, in der vollkommenen Ausbildung des menschlichen Gehirns, zu dem alle Teile
wie zu einem Organ hindeuten, auf das sie gestimmt
sind. Im Gegenteil ist bei dem Tiere der Kopf an
den Rückgrat bloſs angehängt, das Gehirn, das Rückenmark haben nicht mehr Umfang als zur Auswirkung
der untergeordneten Lebensgeister und zur Leitung
der bloſs sinnlichen Verrichtungen unbedingt notwendig
ist. Goethe sucht schon damals den Unterschied
des Menschen von den Tieren nicht in irgend einem
Einzelnen, sondern in dem verschiedenen Grade der

Vollkommenheit, den das gleiche Grundgebilde in dem einen oder andern Falle erreicht. Es schwebt ihm bereits das Bild eines Typus vor, der sowohl bei den Tieren wie beim Menschen sich findet, der bei den ersteren so ausgebildet ist, dafs der ganze Bau den animalischen Funktionen dient, während bei letzterem der Bau das Grundgerüste für die Entwicklung des Geistes abgibt.

Aus solchen Betrachtungen heraus erwächst Goethes Spezialstudium der Anatomie. Am 22. Januar 1776 berichtet er an Lavater: „Der Herzog hat mir sechs Schädel kommen lassen, habe herrliche Bemerkungen gemacht, die Euer Hochwürden zu Diensten stehen, wenn dieselben Sie nicht ohne mich fanden." Im Tagebuche Goethes lesen wir unter dem 15. Oktober 1781, dafs er in Jena mit dem alten Einsiedel Anatomie trieb, und in demselben Jahre fing er an, sich von Loder in diese Wissenschaft genauer einführen zu lassen. Er erzählt davon in Briefen an Frau von Stein vom 29. Oktober 1781 und an den Herzog vom 4. November. Er hat auch die Absicht, den jungen Leuten an der Zeichenakademie „das Skelett zu erklären und sie zur Kenntnis des menschlichen Körpers anzuführen" — „Ich thue es," sagt er, „um meinet- und ihretwillen; die Methode, die ich gewählt habe, wird sie diesen Winter über völlig mit den Grundsäulen des Körpers bekannt machen." Er hat, wie aus dem Tagebuch zu ersehen, diese Vorlesungen auch gehalten. Auch mit Loder hat er in dieser Zeit über den Bau des menschlichen Körpers manches Gespräch geführt. Und wieder ist es seine allgemeine Naturansicht, die als treibende Kraft und als eigentliches Ziel dieser Studien erscheint. Er behandelt „die Knochen als einen Text, woran sich alles Leben und alles Menschliche anhängen läfst" (Briefe an Lavater und Merck vom 14. November 1781). Vorstellungen über das Wirken des Organischen, über den Zusammenhang der menschlichen Bildung mit der tierischen beschäftigen damals seinen Geist. Dafs der menschliche Bau nur die höchste Stufe des tierischen ist, und dafs er durch diesen vollkommeneren Grad des Tierischen die sittliche Welt aus sich hervorbringt, ist eine Idee, die bereits in der Ode „das Göttliche" vom Jahre 1782 niedergelegt ist.

> Edel sei der Mensch
> Hilfreich und gut!
> Denn das allein
> Unterscheidet ihn
> Von allen Wesen,
> Die wir kennen.
>
> — — — — —
>
> Nach ewigen, ehrnen,
> Grofsen Gesetzen
> Müssen wir alle
> Unsers Daseins
> Kreise vollenden.

Die „ewigen, ehrnen Gesetze" wirken im Menschen gerade so wie in der übrigen Organismenwelt; sie erreichen in ihm nur eine Vollkommenheit, durch die es ihm möglich ist „edel, hilfreich und gut" zu sein.

Während in Goethe sich solche Ideen immer mehr festsetzten, arbeitete Herder an seinen „Ideen zu einer Philosophie der Geschichte der Menschheit". Alle Gedanken dieses Buches wurden von den beiden durchgesprochen. Goethe war von Herders Auffassung der Natur befriedigt. Sie fiel mit seinen eigenen Vorstellungen zusammen. „Herders Schrift macht wahrscheinlich, dafs wir erst Pflanzen und Tiere waren . Goethe grübelt jetzt gar denkreich in diesen Dingen und jedes, was erst durch seine Vorstellung gegangen ist, wird äufserst interessant," schreibt am 1. Mai 1784 Frau von Stein an Knebel. Wie sehr man berechtigt ist, von Herders Ideen auf die Goethes zu schliefsen, zeigen die Worte, die Goethe am 8. Dezember 1783 an Knebel richtet: „Herder schreibt eine Philosophie der Geschichte, wie Du Dir denken kannst, von Grund aus neu. Die ersten Kapitel haben wir vorgestern zusammen gelesen, sie sind köstlich." Sätze wie die folgenden liegen ganz in Goethes Denkrichtung. „Das Menschengeschlecht ist der grofse Zusammenflufs niederer organischer Kräfte." „Und so können wir annehmen, dafs der Mensch ein Mittelgeschöpf unter den Tieren, d. i. die ausgearbeitete Form sei, in der sich die Züge aller Gattungen um ihn her im feinsten Inbegriff sammeln."

Mit solchen Vorstellungen war allerdings die Ansicht der damaligen Anatomen nicht zu vereinigen, dafs der kleine Knochen, den die Tiere in der oberen Kinnlade haben, der Zwischenkiefer, der die oberen Schneidezähne enthält, dem Menschen fehle. Sömmering, einer der bedeutendsten Anatomen der damaligen Zeit, schrieb am 8. Oktober 1782 an Merck: „Ich wünschte, dass Sie Blumenbach nachsähen, wegen des ossis intermaxillaris, der ceteris paribus der einzige Knochen ist, den alle Tiere vom Affen an, selbst der Orang-Utang eingeschlossen, haben, der

sich hingegen n i e beim Menschen findet; wenn Sie
diesen Knochen abrechnen, so fehlt Ihnen nichts,
um nicht alles vom Menschen auf die Tiere trans-
ferieren zu können. Ich lege deshalb einen Kopf
von einer Hirschkuh bei, um Sie zu überzeugen, daſs
dieses os intermaxillare (wie es Blumenbach) oder os
incisivum (wie es Camper nennt) selbst bei Tieren
vorhanden ist, die keine Schneidezähne haben.“ Das
war die allgemeine Meinung der Zeit. Auch der be-
rühmte Camper, für den Merck und Goethe die innigste
Verehrung hatten, bekannte sich zu ihr. Der Umstand, daſs der Zwischenknochen beim Menschen
links und rechts mit den Oberkieferknochen verwachsen ist, ohne daſs bei einem normal gebildeten
Individuum eine deutliche Grenze zu sehen ist, hat
zu dieser Ansicht geführt. Hätten die Gelehrten Recht
gehabt mit derselben, dann wäre es unmöglich, ein
gemeinsames Urbild für den Bau des tierischen und
menschlichen Organismus aufzustellen; eine Grenze
zwischen den beiden Formen müſste angenommen
werden. Der Mensch wäre nicht nach dem Urbilde
geschaffen, das auch den Tieren zu Grunde liegt.
Dieses Hindernis seiner Weltanschauung muſste Goethe
hinwegräumen. Es gelang ihm im Frühling 1784 in
Gemeinschaft mit Loder. Nach seinem allgemeinen
Grundsatze, daſs die Natur kein Geheimnis habe, was
„sie nicht irgendwo dem aufmerksamen Beobachter
nackt vor Augen stellt“, gieng Goethe vor. Er
fand bei einzelnen abnorm gebildeten Schädeln die
Grenze zwischen Ober- und Zwischenkiefer wirklich
vorhanden. Freudig berichtet er von dem Fund am
27. März an Herder und Frau von Stein. An Herder

schreibt er: „Es soll Dich auch herzlich freuen; denn es ist wie der Schlufsstein zum Menschen, fehlt nicht, ist auch da! Aber wie!" „Ich habe mirs auch in Verbindung gedacht mit Deinem Ganzen, wie schön es da wird." Und als Goethe die Abhandlung, die er über die Sache geschrieben hat, im November 1784 an Knebel schickt, deutet er die Bedeutung, die er der Entdeckung für seine ganze Vorstellungswelt beilegt, mit den Worten an: „Ich habe mich enthalten, das Resultat, worauf schon Herder in seinen Ideen deutet, schon jetzt merken zu lassen, dafs man nämlich den Unterschied des Menschen vom Tier in nichts Einzelnem finden könne." Goethe konnte erst Vertrauen zu seiner Naturansicht gewinnen, als die irrtümliche Ansicht über das fatale Knöchelchen beseitigt war. Er gewann allmählich den Mut, seine Ideen über die Art, wie die Natur, mit einer Hauptform gleichsam spielend, das mannigfaltige Leben hervorbringt, „auf alle Reiche der Natur, auf ihr ganzes Reich" auszudehnen. In diesem Sinne schreibt er im Jahre 1786 an Frau von Stein.

*   *

Immer lesbarer wird Goethe das Buch der Natur, nachdem er den einen Buchstaben richtig entziffert hat. „Mein langes Buchstabieren hat mir geholfen, jetzt wirkts auf einmal und meine stille Freude ist unaussprechlich," schreibt er der Frau von Stein am 15. Mai 1785. Er hält sich jetzt auch bereits für fähig, eine kleine botanische Abhandlung für Knebel zu schreiben. Die Reise, die er 1785 nach Karlsbad mit diesem zusammen unternimmt, wird zu einer förmlichen botanischen Studienreise. Nach der Rückkehr werden mit Hilfe Linnés die Reiche der Pilze, Moose, Flechten und Algen durchgegangen. Er teilt am 9. November der Frau von Stein mit: „Ich lese Linné fort, ich muſs wohl, ich habe kein anderes Buch bei mir; es ist die beste Art, ein Buch gewissenhaft zu lesen, die ich öfter praktizieren muſs, da ich nicht leicht ein Buch auslese. Das ist nicht zum Lesen, sondern zur Rekapitulation gemacht und that mir die trefflichsten Dienste, da ich über die meisten Punkte selbst gedacht hatte." Während dieser Studien bekommt auch die Grundform, aus welcher die Natur alle mannigfaltigen Pflanzengebilde herausarbeitet, einzelne, wenn auch noch nicht deutliche Umrisse in seinem Geiste. In einem Briefe an die Frau von Stein vom 9. Juli 1786 sind die Worte enthalten: „Es ist ein Gewahrwerden der Form, mit der die Natur gleichsam nur immer spielt und spielend das mannigfaltige Leben hervorbringt."

*   *

Im April und Mai 1786 beobachtete Goethe durch das Mikroskop die niederen Organismen, die sich in Aufgüssen verschiedener Substanzen (Pisangmark, Kaktus. Trüffeln, Pfefferkörnern, Thee, Bier u. s. w.) entwickeln. Er notiert sorgfältig die Vorgänge, die er an diesen Lebewesen beobachtet und verfertigt Zeichnungen dieser organischen Formen (vergl. Goethes naturwissenschaftliche Schriften in der Weimarer Goethe-Ausgabe, 2. Abteilung, Band 7 S. 289—309). Man kann auch aus diesen Notizen ersehen, daſs Goethe der Erkenntnis des Lebens **nicht** durch solche Beobachtung niederer und einfacher Organismen näher zu kommen sucht. Es ist ganz offenbar, daſs er die wesentlichen Züge der Lebensvorgänge an den höheren Organismen ebenso zu erfassen glaubt wie an den niederen. Er ist der Ansicht, daſs sich an dem Infusionstierchen dieselbe Art von Gesetzmäſsigkeit wiederholt, die das Auge des Geistes an dem Hund wahrnimmt. Die Beobachtung durch das Mikroskop lehrt nur Vorgänge kennen, die im Kleinen das sind, was das unbewaffnete Auge im Groſsen sieht. Sie bietet eine Bereicherung der sinnlichen Erfahrung. Einer **höheren Art des Anschauens**, nicht einer Verfolgung der den Sinnen zugänglichen Vorgänge bis in ihre kleinsten Bestandteile, offenbart sich das Wesen des Lebens. Goethe sucht dieses Wesen durch die Betrachtung der höheren Pflanzen und Tiere zu erkennen. Er würde diese Erkenntnis ohne Zweifel in derselben Weise gesucht haben, auch wenn zu seiner Zeit die Pflanzen- und Tieranatomie schon ebenso weit vorgeschritten gewesen wäre, wie sie gegenwärtig ist. Wenn Goethe die Zellen, aus denen sich der Pflanzen- und Tierkörper aufbaut, hätte beobachten können, so würde er erklärt haben, daſs sich an diesen elementaren organischen Formen dieselbe Gesetzmäſsigkeit zeigt, die auch am Zusammengesetzten wahrzunehmen ist. Er hätte sich durch dieselben Ideen, durch die er sich die Lebensvorgänge der höheren Organismen erklärte, auch die Erscheinungen an diesen kleinen Wesen begreiflich gemacht.

*   *   *

Den lösenden Gedanken des Rätsels, das ihm die
organische Bildung und Umbildung aufgegeben hat,
findet Goethe erst in Italien. Am 3. September verläfst
er Karlsbad. In wenigen, aber bedeutsamen Sätzen
schildert er in seiner „Geschichte meines botanischen
Studiums" (Goethes Werke in Kürschners Nat-Litt.
Band 33 S. 61 ff.) die Gedanken, welche die Beobachtung
der Pflanzenwelt in ihm aufregt bis zu dem Augenblicke,
da ihm in Sizilien eine klare Vorstellung darüber sich
offenbart, wie es möglich ist, dafs den Pflanzenformen
„bei einer eigensinnigen, generischen und spezifischen
Hartnäckigkeit eine glückliche Mobilität und Bieg-
samkeit verliehen ist, um in so viele Bedingungen, die
über den Erdkreis auf sie einwirken, sich zu fügen
und darnach bilden und umbilden zu können". Beim
Übergang über die Alpen, im botanischen Garten von
Padua und an andern Orten zeigte sich ihm das
„Wechselhafte der Pflanzengestalten". „Wenn in der
tiefern Gegend Zweige und Stengel stärker und
massiger waren, die Augen näher aneinander standen
und die Blätter breit wären, so wurden höher ins
Gebirg hinauf Zweige und Stengel zarter, die Augen
rückten auseinander, sodafs von Knoten zu Knoten ein
gröfserer Zwischenraum stattfand und die Blätter sich
lanzenförmiger bildeten. Ich bemerkte dies bei einer
Weide und einer Gentiana und überzeugte mich, dafs
es nicht etwa verschiedene Arten wären. Auch am
Walchensee bemerkte ich längere und schlankere
Binsen als im Unterlande" (ital. Reise 8. Sept.).
Am 8. Oktober findet er in Venedig am Meere verschiedene Pflanzen, an denen ihm die Wechselbeziehung
des Organischen zu seiner Umgebung besonders an-

schaulich wird. „Sie sind alle zugleich mastig und
streng, saftig und zäh, und es ist offenbar, daſs das
alte Salz des Sandbodens, mehr aber die salzige Luft
ihnen diese Eigenschaft gibt; sie strotzen von Säften
wie Wasserpflanzen, sie sind fett und zäh wie Berg-
pflanzen; wenn ihre Blätterenden eine Neigung zu
Stacheln haben, wie Disteln tun, sind sie gewaltig
spitz und stark. Ich fand einen solchen Busch Blätter;
er erschien mir wie unser unschuldiger Huflattig, hier
aber mit scharfen Waffen bewaffnet, und das Blatt
wie Leder, so auch die Samenkapseln, die Stiele, alles
mastig und fett“ (ital. Reise). Im botanischen Garten
zu Padua bekommt der Gedanke in Goethes Geiste
eine bestimmtere Gestalt, wie man sich alle Pflanzengestalten vielleicht aus e i n e r entwickeln könne (ital.
Reise, 27. Sept.); im November teilt er Knebel mit:
„So freut mich doch mein bischen Botanik erst recht
in diesem Lande, wo eine frohere, weniger unter-
brochene Vegetation zu Hause ist. Ich habe schon
recht artige, ins allgemeine gehende Bemerkungen
gemacht, die auch Dir in der Folge angenehm sein
werden.“ Am 25. März 1787 kommt ihm „eine gute
Erleuchtung über botanische Gegenstände“. Er bittet
„Herdern zu sagen, daſs er mit der Urpflanze bald
zu stande sei“. Nur fürchtet er, daſs „niemand die
übrige Pflanzenwelt darin wird erkennen wollen“
(ital. Reise). Am 17. April geht er mit dem „festen,
ruhigen Vorsatz, seine dichterischen Träume fortzu-
setzen, nach dem öffentlichen Garten“. Allein ehe er
sichs versieht, erhascht ihn das Pflanzenwesen wie ein
Gespenst. „Die vielen Pflanzen, die ich sonst nur in
Kübeln und Töpfen, ja die gröſste Zeit des Jahres nur

hinter Glasfenstern zu sehen gewohnt war, stehen hier
froh und frisch unter freiem Himmel, und indem sie
ihre Bestimmung erfüllen, werden sie uns deutlicher.
Im Angesicht so vielerlei neuen und erneuten Gebildes,
fiel mir die alte Grille wieder ein, ob ich nicht
unter dieser Schar die Urpflanze entdecken könnte? Eine solche muſs es denn
doch geben: woran würde ich sonst erkennen,
daſs dieses oder jenes Gebilde eine Pflanze
sei, wenn sie nicht alle nach einem Muster
gebildet wären?" Er bemüht sich die abweichen-
den Gestalten zu unterscheiden, aber immer wieder
werden seine Gedanken zu dem einen Urbild, das
ihnen allen zu Grunde liegt, hingelenkt (ital. Reise,
17. April 1787). Goethe legt sich ein botanisches
Tagebuch an, in dem er alle während der Reise über
das Pflanzenreich gemachten Erfahrungen und Reflexionen einzeichnet (vergl. Goethes Werke in der
Weimarischen Ausgabe, 2. Abt., Band 7 S. 273 ff.).
Diese Tagebuchblätter zeigen, wie unermüdlich er
damit beschäftigt ist, Pflanzenexemplare ausfindig zu
machen, die geeignet sind, auf die Gesetze des Wachstums und der Fortpflanzung hinzuleiten. Glaubt er
irgend einem Gesetze auf der Spur zu sein, so stellt
er es zunächst in hypothetischer Form auf, um es sich
dann im Verlauf seiner weiteren Erfahrungen be-
stätigen zu lassen. Die Vorgänge der Keimung, der
Befruchtung, des Wachstums notiert er sorgfältig.
Daſs das Blatt das Grundorgan der Pflanze ist, und
daſs die Formen aller übrigen Pflanzenorgane am
besten zu verstehen sind, wenn man sie als umgewandelte Blätter betrachtet, leuchtet ihm immer

mehr ein. Er schreibt in das Tagebuch: „Hypothese: Alles ist Blatt und durch diese Einfachheit wird die gröfste Mannigfaltigkeit möglich." Und am 17. Mai teilt er Herder mit: „Ferner mufs ich Dir vertrauen, dafs ich dem Geheimnis der Pflanzenzeugung und Organisation ganz nahe bin, und dafs es das Einfachste ist, was nur gedacht werden kann. Unter diesem Himmel kann man die schönsten Beobachtungen machen. Den Hauptpunkt, wo der Keim steckt, habe ich ganz klar und zweifellos gefunden, alles übrige sehe ich auch schon im ganzen, und nur noch einige Punkte müssen bestimmter werden. Die Urpflanze wird das wunderlichste Geschöpf von der Welt, um welches mich die Natur selbst beneiden soll. Mit diesem Modell und dem Schlüssel dazu kann man alsdann noch Pflanzen ins unendliche erfinden, die konsequent sein müssen, das heifst, die, wenn sie auch nicht existieren, doch existieren könnten, und nicht etwa malerische oder dichterische Schatten und Scheine sind, sondern eine innerliche Wahrheit und Notwendigkeit haben. Dasselbe Gesetz wird sich auf alles übrige Lebendige anwenden lassen."…. „Vorwärts und rückwärts ist die Pflanze immer nur Blatt, mit dem künftigen Keime so unzertrennlich vereint, dafs man eins ohne das andere nicht denken darf. Einen solchen Begriff zu fassen, zu ertragen, ihn in der Natur aufzufinden, ist eine Aufgabe, die uns in einen peinlich süfsen Zustand versetzt" (ital. Reise).

*   *

Goethe nimmt zur Erklärung der Lebenserscheinungen einen Weg, der gänzlich verschieden ist von denen, welche die Naturforscher gewöhnlich gehen. Diese scheiden sich in zwei Parteien. Es gibt Verteidiger einer in den organischen Wesen wirkenden Lebenskraft, die gegenüber anderen Naturursachen eine besondere, höhere Kräfteform darstellt. Wie es Schwerkraft, chemische Anziehung und Abstofsung, Magnetismus u. s. w. gibt, so soll es auch eine Lebenskraft geben, welche die Stoffe des Organismus in eine solche Wechselwirkung bringt, dafs dieser sich erhalten, wachsen, ernähren und fortpflanzen kann. Die Naturforscher, welche dieser Meinung sind, sagen: in dem Organismus wirken dieselben Kräfte wie in der übrigen Natur; aber sie wirken nicht wie in einer leblosen Maschine. Sie werden von der Lebenskraft gleichsam eingefangen und auf eine höhere Stufe des Wirkens gehoben. Den Bekennern dieser Meinung stehen andere Naturforscher gegenüber, welche glauben, dafs in den Organismen keine besondere Kraft wirke. Sie halten die Lebenserscheinungen für komplizierte chemische und physikalische Vorgänge und geben sich der Hoffnung hin, dafs es einst vielleicht gelingen werde, einen Organismus ebenso durch Zurückführung auf unorganische Kraftwirkungen zu erklären wie eine Maschine. Die erstere Ansicht wird als Vitalismus, die andere als Mechanismus bezeichnet. Von beiden ist die Goethesche Auffassungsweise durchaus verschieden. Dafs in dem Organismus noch etwas anderes wirksam ist als die Kräfte der unorganischen Natur, erscheint ihm selbstverständlich. Zur mechanischen Auffassung der Lebenserscheinungen kann er sich nicht bekennen. Ebenso-

wenig sucht er, um die Wirkungen im Organismus zu
erklären, nach einer besonderen Lebenskraft. Er ist
überzeugt, daſs zur Erfassung der Lebensvorgänge
eine Anschauung gehört, die anderer Art ist als diejenige, durch welche die Erscheinungen der unorganischen Natur wahrgenommen werden. Wer zur Annahme einer Lebenskraft sich entschlieſst, der sieht
zwar ein, daſs die organischen Wirkungen nicht me-
chanistisch sind, aber es fehlt ihm zugleich die Fähigkeit, jene andere Art der Anschauung in sich auszu-
bilden, durch die ihm das Organische erkennbar werden
könnte. Die Vorstellung der Lebenskraft bleibt dunkel
und unbestimmt. Ein neuerer Anhänger des Vitalismus, Gustav Bunge, meint: „In der kleinsten Zelle —
da stecken schon alle Rätsel des Lebens drin, und bei
der Erforschung der kleinsten Zelle — da sind wir
mit den bisherigen Hilfsmitteln bereits an der Grenze
angelangt" (Vitalismus und Mechanismus, Leipzig
1886, S. 17). Es ist durchaus im Sinne der Goetheschen Denkweise, darauf zu antworten: Dasjenige Anschauungsvermögen, welches nur das Wesen der unorganischen Erscheinungen erkennt, ist mit seinen
Hilfsmitteln an der Grenze angelangt. Dieses wird
aber nie innerhalb seines Bereiches Mittel finden, die
zur Erklärung des Lebens der kleinsten Zelle geeignet
sein können. Wie zur Wahrnehmung der Farbenerscheinungen das Auge gehört, so gehört zur Auffassung des Lebens die Fähigkeit, in dem Sinnlichen
ein Übersinnliches unmittelbar anzuschauen. Dieses
Übersinnliche wird demjenigen immer entschlüpfen,
der nur die Sinne auf die organischen Formen richtet.
Goethe sucht die sinnliche Anschauung der Pflanzen-

gestalten auf eine höhere Art zu beleben und sich die sinnliche Form einer übersinnlichen Urpflanze vorzustellen (vergl. Geschichte meines botanischen Studiums in Kürschners Nat. Litt., Goethes Werke, Band 33 S. 80). Der Vitalist nimmt seine Zuflucht zu dem inhaltleeren Begriff der Lebenskraft, weil er das, was seine Sinne im Organismus nicht wahrnehmen können, überhaupt nicht sieht. Goethe sieht das Sinnliche von einem Übersinnlichen so durchdrungen, wie eine gefärbte Fläche von der Farbe.

Die Anhänger des Mechanismus sind der Ansicht, daſs es einmal gelingen könne, lebende Substanzen auf künstlichem Wege aus unorganischen Stoffen herzustellen. Sie sagen, vor noch nicht vielen Jahren wurde behauptet, daſs es im Organismus Substanzen gebe, die nicht auf künstlichem Wege, sondern nur durch die Wirkung der Lebenskraft entstehen können. Gegenwärtig ist man bereits im stande, einige dieser Substanzen künstlich im Laboratorium zu erzeugen. Ebenso könne es dereinst möglich sein, aus Kohlensäure, Ammoniak, Wasser und Salzen ein lebendiges Eiweiſs herzustellen, welches die Grundsubstanz der einfachsten Organismen ist. Dann, meinen die Mechanisten, werde unbestreitbar erwiesen sein, daſs Leben nichts weiter ist als eine Kombination unorganischer Vorgänge, der Organismus nichts weiter als eine auf natürlichem Wege entstandene Maschine.

Vom Standpunkte der Goetheschen Weltanschauung ist darauf zu erwidern: die Mechanisten sprechen in einer Weise von Stoffen und Kräften, die durch keine Erfahrung gerechtfertigt ist. Und man hat sich an diese Weise, zu sprechen, so gewöhnt, das es sehr schwer wird, diesen Begriffen gegenüber die reinen Aussprüche der Erfahrung geltend zu machen. Man betrachte aber doch einen Vorgang der Aufsenwelt unbefangen. Man nehme ein Quantum Wasser von einer bestimmten Temperatur. Wodurch weifs man etwas von diesem Wasser? Man sieht es an und bemerkt, dafs es einen Raum einnimmt und zwischen bestimmten Grenzen eingeschlossen ist. Man steckt den Finger oder ein Thermometer hinein, und findet es mit einem bestimmten Grade von Wärme behaftet. Man drückt gegen seine Oberfläche und erfährt, dafs es flüssig ist. Das sind Aussprüche, welche die Sinne über den Zustand des Wassers machen. Nun erhitze man das Wasser. Es wird sieden und zuletzt sich in Dampf verwandeln. Wieder kann man sich durch die Wahrnehmung der Sinne von den Beschaffenheiten des Körpers, des Dampfes, in den sich das Wasser verwandelt hat, Kenntnis verschaffen. Statt das Wasser zu erhitzen, kann man es dem elektrischen Strom unter gewissen Bedingungen aussetzen. Es verwandelt sich in zwei Körper, Wasserstoff und Sauerstoff. Auch über die Beschaffenheit dieser beiden Körper kann man sich durch die Aussagen der Sinne belehren. Man nimmt also in der Körperwelt Zustände wahr und beobachtet zugleich, dafs diese Zustände unter gewissen Bedingungen in andere übergehen. Über die Zustände unterrichten die Sinne. Wenn man noch von etwas anderem als von Zuständen, die sich verwandeln, spricht, so beschränkt man sich nicht mehr auf den reinen Tatbestand, sondern man fügt zu demselben Begriffe hinzu. Sagt man, der

Sauerstoff und der Wasserstoff, die sich durch den elektrischen Strom aus dem Wasser entwickelt haben seien schon im Wasser enthalten gewesen, nur so innig mit einander verbunden, daſs sie in ihrer Selbständigkeit nicht wahrzunehmen waren, so hat man zu der Wahrnehmung einen Begriff hinzugefügt, durch den man sich das Hervorgehen der beiden Körper aus dem einen erklärt. Und wenn man weitergeht und behauptet, Sauerstoff und Wasserstoff seien Stoffe, was man schon durch die Namen tut, die man ihnen beilegt, so hat man ebenfalls zu dem Wahrgenommenen einen Begriff hinzugefügt. Denn tatsächlich ist in dem Raume, der vom Sauerstoff eingenommen wird, nur eine Summe von Zuständen wahrzunehmen. Zu diesen Zuständen denkt man den Stoff hinzu, an dem sie haften sollen. Was man von dem Sauerstoff und dem Wasserstoff im Wasser schon vorhanden denkt, das Stoffliche, ist ein Gedachtes, das zu dem Wahrnehmungsinhalt hinzugefügt ist. Wenn man Wasserstoff und Sauerstoff durch einen chemischen Prozeſs zu Wasser vereinigt, so kann man beobachten, daſs eine Summe von Zuständen in eine andere übergeht. Wenn man sagt: es haben sich zwei einfache Stoffe zu einem zusammengesetzten vereinigt, so hat man eine begriffliche Auslegung des Beobachtungsinhaltes versucht. Die Vorstellung „Stoff" erhält ihren Inhalt nicht aus der Wahrnehmung, sondern aus dem Denken. Ein ähnliches wie vom „Stoffe" gilt von der „Kraft". Man sieht einen Stein zur Erde fallen. Was ist der Inhalt der Wahrnehmung. Eine Summe von Sinneseindrücken, Zuständen, die an aufeinanderfolgenden Orten auftreten. Man sucht sich diese Veränderung in der Sinneswelt zu erklären, und sagt: die Erde ziehe den Stein an. Sie habe eine „Kraft“, durch die sie ihn zu sich hinzwingt. Wieder hat unser Geist eine Vorstellung zu dem Tatbestande hinzugefügt und derselben einen Inhalt gegeben, der nicht aus der Wahrnehmung stammt. Nicht Stoffe und Kräfte nimmt man wahr, sondern Zustände und deren Übergänge in einander. Man erklärt sich diese Zustandsänderungen durch Hinzufügung von Begriffen zu den Wahrnehmungen.

Man nehme einmal an, es gebe ein Wesen, das Sauerstoff und Wasserstoff wahrnemen könnte, nicht aber Wasser. Wenn wir vor den Augen eines solchen Wesens den Sauerstoff und Wasserstoff zu Wasser vereinigten, so verschwänden vor ihm die Zustände, die es an den beiden Stoffen wahrgenommen hat, in Nichts. Wenn wir ihm nun die Zustände auch beschrieben, die wir am Wasser wahrnehmen: es könnte sich von ihnen keine Vorstellung machen. Das beweist, daſs in den Wahrnehmungsinhalten des Sauerstoffs und des Wasserstoffs nichts liegt, aus dem der Wahrnehmungsinhalt Wasser abzuleiten ist. Ein Ding entsteht aus zwei oder mehreren andern heiſst: es haben sich zwei oder mehrere Wahrnehmungsinhalte in einen zusammenhängenden, aber den ersteren gegenüber durchaus neuen, verwandelt.

Was wäre also erreicht, wenn es gelänge, Kohlensäure, Ammoniak, Wasser und Salze künstlich zu einer lebenden Eiweiſssubstanz im Laboratorium zu vereinigen? Man wüſste, daſs die Wahrnehmungsinhalte der vielerlei Stoffe sich zu einem Wahrnehmungsinhalt vereinigen können. Aber dieser Wahrnehmungsinhalt ist aus jenen durchaus nicht abzuleiten. Der Zustand des lebenden Eiweiſses kann nur an diesem selbst beobachtet, nicht aus den Zuständen der Kohlensäure, des Ammoniaks, des Wassers und der Salze herausentwickelt werden. Im Organismus hat man etwas von den unorganischen Bestandteilen, aus denen er aufgebaut werden kann, völlig verschiedenes vor sich. Die sinnlichen Wahrnehmungsinhalte verwandeln sich bei der Entstehung des Lebewesens in sinnlich-übersinnliche. Und wer nicht die Fähigkeit hat, sich sinnlich-übersinnliche Vorstellungen zu machen, der kann von dem Wesen eines Organismus ebensowenig etwas wissen, wie jemand vom Wasser etwas erfahren könnte, wenn ihm die sinnliche Wahrnehmung desselben unzugänglich wäre.

*
*

Die Keimung, das Wachstum, die Umwandlung der Organe, die Ernährung und Fortpflanzung des Organismus sich als sinnlich-übersinnlichen Vorgang vorzustellen, war Goethes Bestreben bei seinen Studien über die Pflanzen- und die Tierwelt. Er bemerkte, daſs dieser sinnlich-übersinnliche Vorgang in der I d e e bei allen Pflanzen derselbe ist, und daſs er nur in der äuſseren E r s c h e i n u n g verschiedene Formen annimmt. Dasselbe konnte Goethe für die Tierwelt feststellen. Hat man die Idee der sinnlich - übersinnlichen Urpflanze in sich ausgebildet, so wird man sie in allen einzelnen Pflanzenformen wiederfinden. Die Mannigfaltigkeit entsteht dadurch, daſs das der Idee nach Gleiche in der Wahrnehmungswelt in ver-

8*

schiedenen Gestalten existieren kann. Der einzelne
Organismus besteht aus Organen, die auf ein Grundorgan zurückzuführen sind. Das Grundorgan der
Pflanze ist das Blatt mit dem Knoten, an dem es sich
entwickelt. Dieses Organ nimmt in der äufseren Erscheinung verschiedene Gestalten an: Keimblatt, Laub-
blatt, Kelchblatt, Kronenblatt u. s. w. „Es mag die
Pflanze sprossen, blühen oder Früchte tragen, so sind
es doch immer nur dieselbigen Organe, welche
in vielfältigen Bestimmungen und unter oft ver-
änderten Gestalten die Vorschrift der Natur erfüllen.“

*
*

Um ein vollständiges Bild der Urpflanze zu erhalten, mufste Goethe die Formen im allgemeinen
verfolgen, welche das Grundorgan im Fortgang des
Wachstums einer Pflanze von der Keimung bis zur
Samenreife durchmacht. Im Anfang ihrer Entwicklung ruht die ganze Pflanzengestalt in dem Samen.
In diesem hat die Urpflanze eine Gestalt angenommen,
durch die sie ihren ideellen Inhalt gleichsam in der
äufseren Erscheinung verbirgt.

„Einfach schlief in dem Samen die Kraft; ein beginnendes
Vorbild
Lag, verschlossen in sich, unter die Hülle gebeugt,
Blatt und Wurzel und Keim, nur halb geformet und farb-
los;
Trocken erhält so der Kern ruhiges Leben bewahrt,
Quillet strebend empor, sich milder Feuchte vertrauend,
Und erhebt sich sogleich aus der umgebenden Nacht.“
(Goethes Werke in Kürschners Nat. Litt. Band 33 S. 105).

Aus dem Samen entwickelt die Pflanze die ersten Organe, die Kotyledonen, nachdem sie „ihre Hüllen mehr oder weniger in der Erde“ zurückgelassen und „die Wurzel in den Boden“ befestigt hat. Und nun folgt im weiteren Verlauf des Wachstums Trieb auf Trieb; Knoten auf Knoten türmt sich übereinander, und an jedem Knoten findet sich ein Blatt. Die Blätter erscheinen in verschiedenen Gestalten. Die unteren noch einfach, die oberen mannigfach gekerbt, eingeschnitten, aus mehreren Blättchen zusammengesetzt. Die Urpflanze breitet auf dieser Stufe der Entwicklung ihren sinnlich-übersinnlichen Inhalt im Raume als äußere sinnliche Erscheinung aus. Goethe stellt sich vor, daß die Blätter ihre fortschreitende Ausbildung und Verfeinerung dem Lichte und der Luft schuldig sind. „Wenn wir jene in der verschlossenen Samenhülle erzeugten Kotyledonen, mit einem rohen Safte nur gleichsam ausgestopft, fast gar nicht oder nur grob organisiert und ungebildet finden, so zeigen sich uns die Blätter der Pflanzen, welche unter dem Wasser wachsen, gröber organisiert als andere, der freien Luft ausgesetzte; ja, sogar entwickelt dieselbige Pflanzenart glättere und weniger verfeinerte Blätter, wenn sie in tiefen, feuchten Orten wächst, da sie hingegen, in höhere Gegenden versetzt, rauhe, mit Haaren versehene, feiner ausgebildete Blätter hervorbringt“ (Goethes Werke, Nat.-Litt. Band 33 S. 25 f.). In der zweiten Epoche des Wachstums zieht die Pflanze wieder in einen engeren Raum zusammen, was sie vorher ausgebreitet hat.

„Mäfsiger leitet sie nun den Saft, verengt die Gefäfse,
Und gleich zeigt die Gestalt zärtere Wirkungen an.
Stille zieht sich der Trieb der strebenden Ränder zurücke,
Und die Rippe des Stiels bildet sich völliger aus.
Blattlos aber und schnell hebt sich der zärtere Stengel,
Und ein Wundergebild zieht den Betrachtenden an.
Rings im Kreise stellet sich nun, gezählet und ohne
Zahl, das kleinere Blatt neben dem ähnlichen hin.
Um die Achse gedrängt, entscheidet der bergende Kelch sich,
Der zur höchsten Gestalt farbige Kronen entläfst."

Im Kelch zieht sich die Pflanzengestalt zusammen; in der Blumenkrone breitet sie sich wieder aus. Nun folgt die nächste Zusammenziehung in den Staubgefäfsen und dem Stempel, den Organen der Fortpflanzung. Die Bildungskraft der Pflanze entwickelte in den vorhergehenden Wachstumsperioden in einerlei Organen als Trieb, das Grundgebilde zu wiederholen. Dieselbe Kraft verteilt sich auf dieser Stufe der Zusammenziehung auf zwei Organe. Das Getrennte sucht sich wieder zusammenzufinden. Dies geschieht im Befruchtungsvorgang. Der in dem Staubgefäfs vorhandene männliche Blütenstaub vereinigt sich mit der weiblichen Substanz, die im Stempel enthalten ist; und damit ist der Keim zu einer neuen Pflanze gegeben. Goethe nennt die Befruchtung eine geistige Anastomose und sieht in ihr nur eine andere Form des Vorgangs, der in der Entwicklung von einem Knoten zum andern stattfindet. „An allen Körpern, die wir lebendig nennen, bemerken wir die Kraft, ihresgleichen hervorzubringen. Wenn wir diese Kraft geteilt gewahr werden, bezeichnen wir sie unter dem Namen der beiden Geschlechter" (Weimarische Goethe-Ausgabe, 2. Abteil., Band 6 S. 361). Von Knoten zu Knoten bringt

die Pflanze ihresgleichen hervor. Denn Knoten und
Blatt sind die einfache Form der Urpflanze. In dieser
Form heifst die Hervorbringung Wachstum. Ist die
Fortpflanzungskraft auf zwei Organe verteilt, so spricht
man von zwei Geschlechtern. Auf diese Weise glaubt
Goethe die Begriffe von Wachstum und Zeugung ein-
ander näher gerückt zu haben. In dem Stadium der
Fruchtbildung erlangt die Pflanze ihre letzte Ausdehnung; in dem Samen erscheint sie wieder zusammen-
gezogen. In diesen sechs Schritten vollendet die Natur
einen Kreis von Pflanzenentwicklung, und sie beginnt
den ganzen Vorgang wieder von vorne. In dem
Samen sieht Goethe nur eine andere Form des Auges,
das sich an den Laubblättern entwickelt. Die aus den
Augen sich entfaltenden Seitenzweige sind ganze
Pflanzen, die, statt in der Erde, auf einer Mutter-
pflanze stehen. Die Vorstellung von dem sich stufenweise, wie auf einer „geistigen Leiter“ vom Samen
bis zur Frucht sich umbildenden Grundorgan ist die
Idee der Urpflanze. Gleichsam um die Verwandlungs-
fähigkeit des Grundorgans für die sinnliche Anschauung
zu beweisen, läfst die Natur unter gewissen Bedingungen
auf einer Stufe statt des Organs, das nach dem regelmäfsigen Wachstumsverlaufe entstehen sollte, ein anderes sich entwickeln. Bei den gefüllten Mohnen z. B.
treten an der Stelle, wo die Staubgefäfse enstehen
sollten, Blumenblätter auf. Das Organ, das der Idee
nach zum Staubgefäfs bestimmt war, ist ein Blumen-
blatt geworden. In dem Organ, das im regelmäfsigen
Fortgang der Pflanzenentwicklung eine bestimmte
Form hat, ist die Möglichkeit enthalten, auch eine
andere anzunehmen.

Als Illustration seiner Idee von der Urpflanze betrachtet Goethe das Bryophyllum calycinum, die gemeine Keim-Zumpe, eine Pflanzenart, die von den Molukkeninseln nach Kalkutta und von da nach Europa gekommen ist. Aus den Kerben der fetten Blätter dieser Pflanzen entwickeln sich frische Pflänzchen, die, nach ihrer Ablösung, zu vollständigen Pflanzen auswachsen. Goethe sieht in diesem Vorgang sinnlich-anschaulich dargestellt, dafs in dem Blatte eine ganze Pflanze der Idee nach ruht (vergl. Goethes Bemerkungen über das Bryophyllum calycinum in der Weimarischen Goethe-Ausgabe, 2. Abteil., Band VII S. 137 ff.).

Wer die Vorstellung der Urpflanze in sich ausbildet und so beweglich erhält, dafs er sie in allen möglichen Formen denken kann, die ihr Inhalt zuläfst, der kann mit ihrer Hilfe sich alle Gestaltungen im Pflanzenreiche erklären. Er wird die Entwicklung der einzelnen Pflanze begreifen; aber er wird auch finden, dafs alle Geschlechter, Arten und Varietäten nach diesem Urbilde geformt sind. Diese Anschauungen hat Goethe in Italien ausgebildet und in seiner 1790 erschienenen Schrift: „Versuch die Metamorphose der Pflanzen zu erklären" niedergelegt.

*   *
*

Auch in der Entwicklung seiner Ideen über den menschlichen Organismus schreitet Goethe in Italien vor. Am 20. Januar schreibt er an Knebel: „Auf Anatomie bin ich so ziemlich vorbereitet, und ich habe mir die Kenntnis des menschlichen Körpers, bis auf einen gewissen Grad, nicht ohne Mühe erworben. Hier wird man durch die ewige Betrachtung der Statuen immerfort, aber auf eine höhere Weise hingewiesen. Bei unserer medizinisch-chirurgischen Akademie kommt es blofs darauf an, den Teil zu kennen, und hierzu dient auch wohl ein kümmerlicher Muskel. In Rom aber wollen die Teile nichts heifsen, wenn sie nicht zugleich eine edle schöne Form darbieten. — In dem grofsen Lazarett San Spirito hat man den Künstlern zulieb einen sehr schönen Muskelkörper dergestalt bereitet, dafs die Schönheit desselben in Verwunderung setzt. Er könnte wirklich für einen geschundenen Halbgott, für einen Marsyas gelten. — So pflegt man auch nach Anleitung der Alten das Skelett nicht als eine künstlich zusammengereihte Knochenmaske zu studieren, vielmehr zugleich mit den Bändern, wodurch es schon Leben und Bewegung erhält." Auch nach seiner Rückkehr aus Italien treibt Goethe fleifsig anatomische Studien. Es drängt ihn, die Bildungsgesetze der tierischen Gestalt ebenso zu erkennen, wie ihm dies für diejenigen der Pflanze gelungen war. Er ist überzeugt, dafs auch die Einheit des Tier-Organismus auf einem Grundorgan beruht, welches in der äufseren Erscheinung verschiedene Formen annehmen kann. Verbirgt sich die Idee des Grundorgans, so erscheint dieses ungeformt. Es stellt dann die einfacheren Organe des Tieres dar; bemächtigt sich die Idee des Stoffes so, dafs sie ihn sich völlig ähnlich macht, dann entstehen die höheren, die edleren Organe. Was in den einfacheren Organen der Idee nach vorhanden ist, das schliefst sich in den höheren nach aufsen auf. Es ist Goethe nicht geglückt, die Gesetzmäßigkeit der ganzen tierischen Gestalt in eine einzige Vorstellung zu fassen, wie er es für die Pflanzenform erreicht hat. Nur für einen Teil dieser Gestalt hat er das Bildungsgesetz gefunden, für das Rückenmark und Gehirn mit den diese Organe einschließenden Knochen. In dem Gehirn sieht er eine höhere Ausbildung des Rückenmarks. Jedes Nervenzentrum der Ganglien gilt ihm als ein auf niederer Stufe stehengebliebenes Gehirn (vergl. Weimarische Goethe-Ausgabe, 2. Abteil., Band 8 S. 360). Und die das Gehirn einschließenden Schädelknochen deutet er als Umformungen der Wirbelknochen, die das Rückenmark umhüllen. Daß er die hintern Schädelknochen (Hinterhauptbein, hinteres und vorderes Keilbein) als drei umgebildete Wirbel anzusehen hat, ist ihm schon früher aufgegangen; für die vorderen Schädelknochen behauptet er dasselbe, als er im Jahre 1790 auf den Dünen des Lido einen Schafschädel findet, der so glücklich geborsten ist, daß in dem Gaumbein, der oberen Kinnlade und dem Zwischenknochen drei Wirbel in verwandelter Gestalt unmittelbar sinnlich sich darzustellen scheinen.

Die Anatomie der Tiere war zu Goethes Zeit noch nicht so weit vorgeschritten, daß er ein Lebewesen hätte anführen können, welches wirklich an Stelle von entwickelten Schädelknochen Wirbel hat, und das also im sinnlichen Bilde das zeigt, was bei den vollkommenen Tieren nur der Idee nach vorhanden ist. Durch die Untersuchungen Carl Gegenbauers, die im Jahre 1872 veröffentlicht worden sind, ist es gelungen, eine solche Tierform anzugeben. Die Urfische oder Selachier haben Schädelknochen und ein Gehirn, die sich deutlich als Endglieder der Wirbelsäule und des Rückenmarkes erweisen. Nach dem Befund an diesen Tieren scheint allerdings eine größere Zahl von Wirbeln in die Kopfbildung eingegangen zu sein (mindestens neun), als Goethe angenommen hat. Dieser Irrtum über die Zahl der Wirbel und auch noch die Tatsache, daß im Embryonalzustand der Schädel der höheren Tiere keine Spur einer Zusammensetzung aus wirbelartigen Teilen zeigt, sondern sich aus einer einfachen knorpeligen Blase entwickelt, ist gegen den Wert der Goetheschen Idee von der Umwandlung des Rückenmarks und der Wirbelsäule angeführt worden. Man giebt zwar zu, daß der Schädel aus Wirbeln entstanden ist. Aber man leugnet, daß die Kopfknochen in der Form, in der sie sich bei den höheren Tieren zeigen, umgebildete Wirbel seien. Man sagt, daß eine vollkommene Verschmelzung der Wirbel zu einer knorpeligen Blase stattgefunden habe, in der die ursprüngliche Wirbelstruktur vollständig verschwunden sei. Aus dieser Knorpelkapsel haben sich dann die Knochenformen herausgebildet, die an höheren Tieren wahrzunehmen sind. Diese Formen haben sich nicht nach dem Urbilde des Wirbels gebildet, sondern entsprechend den Aufgaben, die sie am entwickelten Kopfe zu erfüllen haben. Man hätte also, wenn man nach einem Erklärungsgrund für irgend eine Schädelknochenform sucht, nicht zu fragen: wie hat sich ein Wirbel umgebildet, um zu dem Kopfknochen zu werden; sondern welche Bedingungen haben dazu geführt, daß sich diese oder jene Knochengestalt aus der einfachen Knorpelkapsel herausgetrennt hat? Man glaubt an die Bildung neuer Gestalten, nach neuen Bildungsgesetzen, nachdem die ursprüngliche Wirbelform in eine strukturlose Kapsel aufgegangen ist. Ein Widerspruch zwischen dieser Auffassung und der Goetheschen kann nur vom Standpunkte des Tatsachenfanatismus aus gefunden werden. Was in der Knorpelkapsel des Schädels nicht mehr sinnlich-wahrnehmbar ist, die Wirbelstruktur, ist in ihr gleichwohl der Idee nach vorhanden und tritt wieder in die Erscheinung, sobald die Bedingungen dazu vorhanden sind. In der knorpeligen Schädelkapsel verbirgt sich die Idee des wirbelförmigen Grundorgans innerhalb der sinnlichen Materie; in den ausgebildeten Schädelknochen tritt sie wieder in die äußere Erscheinung.

*　　*　　*

Goethe hofft, daß sich ihm die Bildungsgesetze der übrigen Teile des tierischen Organismus in derselben Weise offenbaren werden, wie es diejenigen des Gehirns, Rückenmarks und ihrer Umhüllungsorgane getan haben. Über die am Lido gemachte Entdeckung läßt er am 30. April Herdern durch Frau von Kalb sagen, daß er „der Tiergestalt und ihren mancherlei Umbildungen um eine ganze Formel näher gerückt ist und zwar durch den sonderbarsten Zufall" (Goethe an Frau von Kalb). Er glaubt, seinem Ziele so nahe zu sein, daß er noch in demselben Jahre, das ihm den Fund gebracht hat, eine Schrift über die tierische Bildung vollenden will, die sich der „Metamorphose der Pflanzen" an die Seite stellen läßt. (Briefwechsel mit Knebel S. 98.) In Schlesien, wohin er im Juli

1790 reist, treibt er Studien zur vergleichenden Anatomie
und beginnt an einem Aufsatz „Über die Gestalt der
Tiere" zu schreiben. (Weimarische Goethe-Ausgabe,
2. Abt. Band 8 S. 261 ff.). Es ist Goethe nicht gelungen, von dem glücklich gewonnenen Ausgangspunkte
aus zu den Bildungsgesetzen der ganzen Tiergestalt fort-
zuschreiten. So viel Ansätze er auch dazu macht, den
Typus der tierischen Gestalt zu finden: etwas der Idee
der Urpflanze Analoges ist nicht zu stande gekommen.
Er vergleicht die Tiere untereinander und mit dem
Menschen und sucht ein allgemeines Bild des
tierischen Baues zu gewinnen, nach welchem, als einem
Muster, die Natur die einzelnen Gestalten formt. Eine
lebendige Vorstellung, die sich nach den Grundgesetzen
der tierischen Bildung mit einem Gehalt erfüllt und
so das Urtier der Natur gleichsam nachschafft, ist
dieses allgemeine Bild des tierischen Typus nicht. Ein
allgemeiner Begriff ist es nur, der von den besonderen
Erscheinungen abgezogen ist. Er stellt das Gemeinsame in den mannigfaltigen Tierformen fest; aber er
enthält nicht die Gesetzmäfsigkeit der Tierheit.

> „Alle Glieder bilden sich aus nach ew'gen Gesetzen,
> Und die seltenste Form bewahrt im Geheimen das Urbild."
>
> (Gedicht, Die Metamorphose der Tiere).

Wie dieses Urbild durch gesetzmäfsige Umformung
eines Grundgliedes sich als die vielgliedrige Urform
des tierischen Organismus entwickelt, davon konnte
Goethe eine einheitliche Vorstellung nicht entwickeln.
Sowohl der Versuch über „die Gestalt der Tiere" als
auch der 1795 in Jena entstandene „Entwurf einer ver-

gleichenden Anatomie, ausgehend von der Osteologie"
und seine spätere ausführlichere Gestalt „Vorträge
über die drei ersten Kapitel des Entwurfs einer allgemeinen Einleitung in die vergleichende Anatomie"
(1796) enthalten nur Anleitungen darüber, wie die
Tiere zweckmässig zu vergleichen sind, um ein allgemeines Schema zu gewinnen, nach dem die schaffende
Gewalt die „organischen Naturen erzeugt und entwickelt", eine Norm, nach welcher die „Beschreibungen
auszuarbeiten" und auf welche, indem „solche von der
Gestalt der verschiedenen Tiere abgezogen wäre, die
verschiedensten Gestalten wieder" zurückzuführen
sind (vergl. die genannten „Vorträge"). Bei der
Pflanze hingegen hat Goethe gezeigt, wie ein Urge-
bilde durch aufeinanderfolgende Modifikationen sich
gesetzmäfsig zu der vollkommenen organischen Gestalt
ausbildet.

*　　*

Wenn er auch nicht die schaffende Naturgewalt
in ihrer Bildungs- und Umbildungskraft durch die
verschiedenen Glieder des tierischen Organismus hindurch verfolgen konnte, so ist es Goethe doch gelungen, einzelne Gesetze zu finden, an die sich die
Natur bei der Bildung der tierischen Formen hält,
welche die allgemeine Norm zwar festhalten, doch aber
in der Erscheinung verschieden sind. Er stellt sich
vor, dafs die Natur nicht die Fähigkeit habe, das
allgemeine Bild beliebig zu verändern. Wenn sie in
einer Form ein Glied in besonders vollkommener Form
ausbildet, so kann dies nur auf Kosten eines andern

geschehen. Im Urorganismus sind alle Glieder enthalten, die bei irgend einem Tiere vorkommen können.
Bei der einzelnen Tierform ist das eine ausgebildet,
das andere nur angedeutet; das eine besonders vollkommen entwickelt, das andere vielleicht für die
sinnliche Beobachtung gar nicht wahrzunehmen. Für
den letztern Fall ist Goethe überzeugt, daſs in jedem
Tiere das, was von dem allgemeinen Typus an ihm
nicht sichtbar, doch in der Idee vorhanden ist.

„Siehst du also dem einen Geschöpf besonderen Vorzug
Irgend gegönnt, so frage nur gleich, wo leidet es etwa
Mangel anderswo, und suche mit forschendem Geiste.
Finden wirst du sogleich zu aller Bildung den Schlüssel.
Denn so hat kein Tier, dem sämtliche Zähne den obern
Kiefer umzäunen, ein Horn auf seiner Stirn getragen,
Und daher ist den Löwen gehörnt der ewigen Mutter
Ganz unmöglich zu bilden und böte sie alle Gewalt auf;
Denn sie hat nicht Masse genug, die Reihen der Zähne
Völlig zu pflanzen und auch ein Geweih und Hörner zu treiben.“

(Metamorphose der Tiere).

Im Urorganismus sind alle Glieder ausgebildet
und halten sich das Gleichgewicht; die Mannigfaltigkeit des Einzelnen entsteht dadurch, daſs die Kraft der
Bildung sich auf das eine Glied wirft und dafür ein
anderes in der äuſsern Erscheinung gar nicht oder nur
andeutungsweise entwickelt. Dieses Gesetz des tierischen Organismus nennt man heute das von der
Korrelation oder Kompensation der Organe.

*   *

Goethe denkt sich in der Urpflanze die ganze Pflanzenwelt, in dem Urtiere die ganze Tierwelt der Idee nach enthalten. Aus diesem Gedanken entsteht die Frage: wie kommt es, dafs in dem einen Falle diese bestimmte Pflanzen- oder Tierformen, in dem andern Falle jene entstehen? Unter welchen Bedingungen wird aus dem Urtiere ein Fisch. Unter welchen ein Vogel? Goethe findet zur Erklärung des Baues der Organismen in der Wissenschaft eine Vorstellungsart vor, die ihm zuwider ist. Die Anhänger dieser Vorstellungsart fragen bei jedem Organ: wozu dient es dem Lebewesen, an dem es vorkommt? Einer solchen Frage liegt der allgemeine Gedanke zu Grunde, dafs ein göttlicher Schöpfer oder die Natur jedem Wesen einen bestimmten Lebenszweck vorgesetzt und ihm dann einen solchen Bau gegeben habe, dafs es diesen Zweck erfüllen kann. Goethe findet eine solche Frage ebenso ungereimt, wie etwa die: zu welchem Zwecke bewegt sich eine elastische Kugel, wenn sie von einer andern gestofsen wird? Eine Erklärung der Bewegung kann nur gegeben werden durch Auffinden des Gesetzes, nach welchem die Kugel durch einen Stofs oder eine andere Ursache in Bewegung versetzt worden ist. Man fragt nicht: wozu dient die Bewegung der Kugel, sondern: woher entspringt sie? Ebenso soll man, nach Goethes Meinung, nicht fragen: wozu hat der Stier Hörner, sondern: wie kann er Hörner haben. Durch welche Gesetze tritt in dem Stiere das Urtier als hörnertragende Form auf? Goethe hat die Idee der Urpflanze und des Urtieres gesucht, um in ihnen die Erklärungsgründe für die Mannigfaltigkeit der organischen Formen zu finden. Die Urpflanze ist das schaffende Element in der Pflanzenwelt. Will man eine einzelne Pflanzenart erklären, so muſs man zeigen, wie dieses schaffende Element in dem besonderen Falle wirkt. Die Vorstellung, ein organisches Wesen verdanke seine Gestalt nicht den in ihm wirkenden und bildenden Kräften, sondern sie sei ihm zu gewissen Zwecken von auſsen aufgedrängt, wirkt auf Goethe geradezu abstoſsend. Er schreibt: „Neulich fand ich in einer leidig apostolisch kapuzinermäſsigen Deklamation des Züricher Propheten die unsinnigen Worte: Alles, was Leben hat, lebt durch etwas aufser sich — oder so ungefähr klang's. Das kann nun so ein Heidenbekehrer hinschreiben, und bei der Revision zupft ihn der Genius nicht beim Ärmel" (ital. Reise, 5. Oktober 1787). Goethe denkt sich das organische Wesen als eine kleine Welt, die durch sich selbst da ist und sich nach ihren Gesetzen gestaltet. „Die Vorstellungsart, daſs ein lebendiges Wesen zu gewissen Zwecken nach aufsen hervorgebracht sei und seine Gestalt durch eine absichtliche Urkraft dazu determiniert werde, hat uns in der philosophischen Betrachtung der natürlichen Dinge schon mehrere Jahrhunderte aufgehalten, und hält uns noch auf, obgleich einzelne Männer diese Vorstellungsart eifrig bestritten, die Hindernisse, welche sie in den Weg legt, gezeigt haben   Es ist, wenn man sich so ausdrücken darf, eine triviale Vorstellungsart, die eben deswegen, wie alle trivialen Dinge, trivial ist, weil sie der menschlichen Natur im ganzen bequem und zureichend ist" (vergl. Weimarische Goethe-Ausgabe, 2. Abteil., Band 7

S. 217 f.). Es ist allerdings bequem zu sagen: ein Schöpfer hat bei Erschaffung einer organischen Art einen gewissen Zweckgedanken zu Grunde gelegt, und ihr deswegen eine bestimmte Gestalt gegeben. Goethe will aber die Natur nicht aus den Absichten irgend eines göttlichen Wesens, sondern aus den in ihr selbst liegenden Bildungsgesetzen erklären. Eine einzelne organische Form entsteht dadurch, daſs Urpflanze oder Urtier in einem besonderen Falle sich eine bestimmte Gestalt geben. Diese Gestalt muſs eine solche sein, daſs die Form innerhalb der Bedingungen, in denen sie lebt, auch leben kann. „Die Existenz eines Geschöpfes, das wir Fisch nennen, ist nur unter der Bedingung eines Elementes, das wir Wasser nennen, möglich“ (Weimarische Ausgabe, 2. Abteil., Band 7 S. 221). Will Goethe begreifen, welche Bildungsgesetze eine bestimmte organische Form hervorbringen, so hält er sich an seinen Urorganismus. In ihm liegt die Kraft, sich in den mannigfaltigsten äuſseren Gestalten zu verwirklichen. Um einen Fisch zu erklären, würde Goethe untersuchen, welche Bildungskräfte das Urtier anwendet, um von allen Gestalten, die der Idee nach in ihm liegen, gerade die Fischgestalt hervorzubringen. Würde das Urtier innerhalb gewisser Verhältnisse sich in einer Gestalt verwirklichen, in der es nicht leben kann, so gienge es zu Grunde. Erhalten kann sich eine organische Form innerhalb gewisser Lebensbegingungen nur, wenn es denselben angepaſst ist.

„Also bestimmt die Gestalt die Lebensweise des Tieres,
Und die Weise zu leben, sie wirkt auf alle Gestalten

Mächtig zurück. So zeiget sich fest die geordnete Bildung,
Welche zum Wechsel sich neigt durch äuſserlich wirkende
Wesen."

(Metamorphose der Tiere.)

Die in einem gewissen Lebenselemente d a u e r n d e n
organischen Formen sind durch die Natur dieses Elementes bedingt. Wenn eine organische Form aus
einem Lebenselemente in ein anderes käme, so müſste
sie sich entsprechend verändern. Das wird in bestimmten Fällen eintreten können, denn der ihr zu
Grunde liegende Urorganismus hat die Fähigkeit, sich
in unzähligen Gestalten zu verwirklichen. Die Umwandlung der einen Form in die andere ist aber, nach
Goethes Ansicht, nicht so zu denken, daſs die äuſseren
Verhältnisse die Form unmittelbar nach sich umbilden, sondern so, daſs sie die Veranlassung werden,
durch die sich die innere Wesenheit verwandelt. Ver-
änderte Lebensbedingungen r e i z e n die organische
Form, sich nach inneren Gesetzen in einer gewissen
Weise umzubilden. Die äuſseren Einflüsse wirken
mittelbar, nicht unmittelbar auf die Lebewesen. Unzählige Lebensformen sind in Urpflanze und Urtier
der Idee nach enthalten; diejenigen kommen zur that-
sächlichen Existenz, auf welche äuſsere Einflüsse als
Reize wirken.

*　　　*
*

Die Vorstellung, daſs eine Pflanzen- oder Tierart
sich im Laufe der Zeiten durch gewisse Bedingungen
in eine andere verwandelt, hat innerhalb der Goetheschen
Naturanschauung ihre volle Berechtigung. Goethe

9*

stellt sich vor, daſs die Kraft, welche im Fortpflanzungs-
vorgang ein neues Individuum hervorbringt, nur eine
Umwandlung derjenigen Kraftform ist, die auch die
fortschreitende Umbildung der Organe im Verlaufe
des Wachstums bewirkt. Die Fortpflanzung ist ein
Wachstum über das Individuum hinaus. Wie das
Grundorgan während des Wachstums eine Folge von
Veränderungen durchläuft, die der Idee nach gleich
sind, so kann auch bei der Fortpflanzung eine Umwandlung der äuſseren Gestalt unter Festhaltung des
ideellen Urbildes stattfinden. Wenn eine ursprüngliche Organismenform vorhanden war, so konnten die
Nachkommen derselben im Laufe groſser Zeiträume
durch allmähliche Umwandlung in die gegenwärtig
die Erde bevölkernden mannigfaltigen Formen übergehen. Der Gedanke einer tatsächlichen Blutsverwandtschaft aller organischen Formen flieſst aus den
Grundanschauungen Goethes. Er hätte ihn sogleich
nach der Konzeption seiner Ideen von Urtier und
Urpflanze in vollkommener Form aussprechen können.
Aber er drückt sich, wo er diesen Gedanken berührt,
zurückhaltend, ja unbestimmt aus. In dem Aufsatz:
„Versuch einer allgemeinen Vergleichungslehre“, der
nicht · lange nach der „Metamorphose der Pflanzen“
entstanden sein dürfte, ist zu lesen: „Und wie würdig
ist es der Natur, daſs sie sich immer derselben Mittel
bedienen muſs, um ein Geschöpf hervorzubringen und
es zu ernähren! So wird man auf eben diesen Wegen
fortschreiten und, wie man nur erst die unorganisier-
ten, undeterminierten Elemente als Vehikel der organi-
sierten Wesen angesehen, so wird man sich nunmehr
in der Betrachtung erheben und wird die organisierte

Welt wieder als einen Zusammenhang von vielen Elementen ansehen. Das ganze Pflanzenreich z. B. wird uns wieder als ein ungeheures Meer erscheinen, welches ebensogut zur bedingten Existenz der Insekten nötig ist als das Weltmeer und die Flüsse zur bedingten Existenz der Fische, und wir werden sehen, daſs eine ungeheure Anzahl lebender Geschöpfe in diesem Pflanzenozean geboren und ernährt werde, ja wir werden zuletzt die ganze tierische Welt wieder nur als ein groſses Element ansehen, wo ein Geschlecht auf dem andern und durch das andere, wo nicht entsteht, doch sich erhält." Rückhaltloser ist folgender Satz der „Vorträge über die drei ersten Kapitel des Entwurfs einer allgemeinen Einleitung in die vergleichende Anatomie" (1796): „Dies also hätten wir gewonnen, ungescheut behaupten zu können, daſs alle vollkommenern organischen Naturen, worunter wir Fische, Amphibien, Vögel, Säugetiere und an der Spitze der letztern den Menschen sehen, alle nach einem Urbilde geformt seien, das nur in seinen beständigen Teilen mehr oder weniger hin- und herneigt und sich noch täglich durch Fortpflanzung aus- und umbildet." Goethes Vorsicht dem Umwandlungsgedanken gegenüber ist begreiflich. Der Zeit, in welcher er seine Ideen ausbildete, war dieser Gedanke nicht fremd. Aber sie hatte ihn in der wüstesten Weise ausgebildet. „Die damalige Zeit (schreibt Goethe 1807, vergl. Kürschners Nat.-Litt., Goethes Werke Band 33 S. 12) jedoch war dunkler, als man es sich jetzt vorstellen kann. Man behauptete zum Beispiel, es hänge nur vom Menschen ab, bequem auf allen vieren zu gehen, und Bären, wenn sie sich eine

Zeit lang aufrecht hielten, könnten zu Menschen
werden. Der verwegene Diderot wagte gewisse Vor-
schläge, wie man ziegenfüſsige Faune hervorbringen
könne, um solche in Livrée, zu besonderem Staat und
Auszeichnung, den Groſsen und Reichen auf die Kutsche
zu stiften." Mit solchen unklaren Vorstellungen wollte
Goethe nichts zu thun haben. Ihm lag daran, eine
Idee von den Grundgesetzen des Lebendigen zu gewinnen. Dabei wurde ihm klar, daſs die Gestalten
des Lebendigen nichts Starres, Unveränderliches,
sondern daſs sie in einer fortwährenden Umbildung
begriffen sind. Wie diese Umbildung sich im einzelnen vollzieht, festzustellen, dazu fehlten ihm die Beobachtungen. Erst Darwins Forschungen und Häckels
geistvolle Reflexionen haben einiges Licht auf die
tatsächlichen Verwandtschaftsverhältnisse einzelner
organischer Formen geworfen. Vom Standpunkt der
Goetheschen Weltanschauung kann man sich den Behauptungen des Darwinismus gegenüber, soweit sie
das tatsächliche Hervorgehen einer organischen Art
aus der andren betreffen, nur zustimmend verhalten.
Goethes Ideen dringen aber tiefer in das Wesen des
Organischen ein als der Darwinismus der Gegenwart.
Dieser glaubt die im Organischen gelegenen inneren
Triebkräfte, die sich Goethe unter dem sinnlich-übersinnlichen Bilde vorstellt, entbehren zu können. Ja
er spricht Goethe sogar die Berechtigung ab, von
seinen Voraussetzungen aus von einer wirklichen
Umwandlung der Organe und Organismen zu sprechen.
Jul. Sachs weist Goethes Gedanken mit den Worten
zurück, er übertrage „die vom Verstand vollzogene
Abstraktion auf das Objekt selbst, indem er diesem eine

Metamorphose zuschreibt, die sich im Grunde genommen nur in unserem Begriffe vollzogen hat." Goethe soll, nach dieser Ansicht, nichts weiter gethan haben als Laubblätter, Kelchblätter, Blumenblätter u. s. w. unter einen allgemeinen Begriff gebracht und mit dem Namen Blatt bezeichnet haben. „Ganz anders freilich wäre die Sache, wenn . wir annehmen dürften, daſs bei den Vorfahren der uns vorliegenden Pflanzenform die Staubfäden gewöhnliche Blätter waren u. s. w." (Sachs, Geschichte der Botanik 1875 S. 169). Diese Ansicht entspringt dem Tatsachenfanatismus, der nicht einsehen kann, daſs die Ideen ebenso objektiv zu den Dingen gehören, wie das, was man mit den Sinnen wahrnehmen kann. Goethe ist der Ansicht, daſs von Verwandlung eines Organes in das andere nur gesprochen werden kann, wenn beide auſser ihrer äuſseren Erscheinung noch etwas enthalten, das ihnen gemeinsam ist. Dies ist die sinnlich-übersinnliche Form. Das Staubgefäſs einer uns vorliegenden Pflanzenform kann nur dann als das umgewandelte Blatt der Vorfahren bezeichnet werden, wenn in beiden die gleiche sinnlich-übersinnliche Form lebt. Ist das nicht der Fall; entwickelt sich an der uns vorliegenden Pflanzenform einfach an derselben Stelle ein Staubgefäſs, an der sich bei den Vorfahren ein Blatt entwickelt hat, dann hat sich nichts verwandelt, sondern es ist an die Stelle des einen Organs ein anderes getreten. Der Zoologe Oskar Schmidt fragt: „Was sollte denn auch nach Goethes Anschauungen umgebildet werden? Das Urbild doch nicht" (War Goethe Darwinianer? Graz 1871 S. 22). Gewiſs wandelt sich nicht das Urbild um, denn dieses ist ja in allen Formen das

gleiche. Aber eben weil dieses gleich bleibt, können
die äuſseren Gestalten. verschieden sein und doch ein
einheitliches Ganze darstellen. Könnte man nicht in
zwei auseinander entwickelten Formen das gleiche
ideelle Urbild erkennen, so könnte keine Beziehung
zwischen ihnen angenommen werden. Erst durch die
Vorstellung der ideellen Urform kann man mit der
Behauptung, die organischen Formen entstehen durch
Umbildung auseinander, einen wirklichen Sinn verbinden. Wer nicht zu dieser Vorstellung sich erhebt,
der bleibt innerhalb der bloſsen Tatsachen stecken.
In ihr liegen die Gesetze der organischen Entwicklung.
Wie durch Kepplers drei Grundgesetze die Vorgänge im Sonnensystem begreiflich sind, so durch
Goethes ideelle Urbilder die Gestalten der organi-
schen Natur.

*   *   *

Kant, der dem menschlichen Geiste die Fähigkeit
abspricht, ein Ganzes ideell zu durchdringen, durch
welches ein Mannigfaltiges in der Erscheinung bestimmt wird, nennt es ein „gewagtes Abenteuer der
Vernunft", wenn jemand die einzelnen Formen der
organischen Welt aus einem Urorganismus erklären
wollte. Für ihn ist der Mensch nur im stande, die
mannigfaltigen Einzelerscheinungen in einen allgemeinen Begriff zusammenzufassen, durch den sich der
Verstand ein Bild macht von der Einheit. Dieses **Bild**
ist aber nur im menschlichen Geiste vorhanden und
hat nichts zu thun mit der schaffenden Gewalt, durch
welche die Einheit wirklich die Mannigfaltigkeit aus

sich hervorgehen läfst. Das „gewagte Abenteuer der
Vernunft" bestände darin, dafs jemand annähme, die
Erde liefse aus ihrem Mutterschofs erst einfache Organismen von minder zweckmäfsiger Bildung hervorgehen
die aus sich zweckmäfsigere Formen gebären. Dafs
ferner aus diesen noch höhere sich entwickeln bis hinauf
zu den vollkommensten Lebewesen. Wenn auch jemand
eine solche Annahme machte, meint Kant, so könne er
doch nur eine absichtsvolle Schöpferkraft zu Grunde
legen, welche der Entwicklung einen solchen Anstofs
gegeben hat, dafs sich alle ihre einzelnen Glieder
zweckmäfsig entwickeln. Der Mensch nimmt eben
eine Vielheit mannigfaltiger Organismen wahr; und
da er nicht in sie hineindringen kann, um zu sehen,
wie sie sich selbst eine Form geben, die dem Lebens-
element angepafst ist, in dem sie sich entwickeln, so
mufs er sich vorstellen, sie seien von aufsen her so
eingerichtet, dafs sie innerhalb ihrer Bedingungen
leben können. Goethe legt sich die Fähigkeit bei, zu
erkennen, wie die Natur aus dem Ganzen das Einzelne, aus dem Innern das Äufsere schafft. Was Kant
„Abenteuer der Vernunft" nennt, will er deshalb mutig
bestehen (vergl. den Aufsatz „Anschauende Urteilskraft", Goethes Werke in Kürschners Nat.-Litt. Bd. 34).
Wenn wir keinen anderen Beweis dafür hätten, dafs
Goethe den Gedanken einer Blutsverwandtschaft aller
organischen Formen als berechtigt anerkennt; wir
müfsten es aus diesem Urteil über Kants „Abenteuer
der Vernunft" folgern.

*　　*　　*

Ein noch vorhandener skizzenhafter „Entwurf einer Morphologie" läfst erraten, dafs Goethe den Plan hatte, die besonderen Gestalten in ihrer Stufenfolge darzustellen, die seine Urpflanze und sein Urtier in den Hauptformen der Lebewesen annehmen (vergl. Weimar. Ausgabe, 2. Abteil., Band 6 S. 321). Er wollte zuerst das Wesen des Organischen schildern, wie es ihm bei seinem Nachdenken über Tiere und Pflanzen aufgegangen. Dann „aus einem Punkte ausgehend" zeigen, wie das organische Urwesen sich nach der einen Seite zu der mannigfaltigen Pflanzenwelt, nach der andern zu der Vielheit der Tierformen entwickelt, wie besonderen Formen der Würmer, Insekten, der höheren Tiere und die Form des Menschen aus dem allgemeinen Urbilde abgeleitet werden können. Auch auf die Physiognomik und Schädellehre sollte ein Licht fallen. Die äufsere Gestalt im Zusammenhange mit den inneren geistigen Fähigkeiten darzustellen, machte sich Goethe zur Aufgabe. Es drängte ihn, den organische Bildungstrieb, der sich in den niederen Organismen in einer einfachen äufseren Erscheinung darbietet, zu verfolgen in seinem Streben, sich stufenweise in immer vollkommeneren Gestalten zu verwirklichen, bis er sich in dem Menschen eine Form giebt, die diesen zum Schöpfer der geistigsten Erzeugnisse geeignet macht.

Dieser Plan Goethes ist ebensowenig zur Ausführung gekommen wie ein anderer, zu dem das Fragment „Vorarbeiten zu einer Physiologie der Pflanzen" ein Anlauf ist (vergl. Weimar. Goethe-Ausgabe, 2. Abteil., Band 6 S. 286 ff.). Goethe wollte zeigen, wie alle einzelnen Zweige des Naturerkennens: Naturgeschichte,

Naturlehre, Anatomie, Chemie, Zoonomie und Physiologie zusammenwirken müssen, um von einer höheren Anschauungsweise dazu verwendet zu werden, Gestalten und Vorgänge der Lebewesen zu erklären. Er wollte eine neue Wissenschaft, eine allgemeine Morphologie der Organismen aufstellen, zwar „nicht dem Gegenstande nach, denn derselbe ist bekannt, sondern der Ansicht und der Methode nach, welche sowohl der Lehre selbst eine eigene Gestalt geben muſs, als ihr auch gegen andere Wissenschaften ihren Platz anzuweisen hat." Was die Anatomie, Naturgeschichte, Naturlehre, Chemie, Zoonomie, Physiologie an einzelnen Naturgesetzen darbieten, soll von der lebendigen Vorstellung des Organischen ebenso aufgenommen und auf eine höhere Stufe gestellt werden, wie das Lebewesen selbst die einzelnen Naturvorgänge in den Kreis seiner Bildung aufnimmt und auf eine höhere Stufe des Wirkens stellt.

*　　*　　*

Goethe ist zu den Ideen, die ihm durch das Labyrinth der lebendigen Gestalten durchhalfen, auf eigenen Wegen gelangt. Die herrschenden Anschauungen über wichtige Gebiete des Naturwirkens widersprachen seiner allgemeinen Weltanschauung. Deshalb muſste er sich selbst über solche Gebiete Vorstellungen ausbilden, die seinem Wesen gemäſs waren. Er war aber überzeugt, daſs es nichts Neues unter der Sonne gebe, und daſs man „gar wohl in Überlieferungen schon angedeutet finden könne, was man selbst gewahr wird". Er teilt gelehrten Freunden aus diesem Grunde seine Schrift über die „Metamorphose der Pflanzen" mit und bittet sie, ihm darüber Auskunft zu geben, ob über den behandelten Gegenstand schon etwas geschrieben oder überliefert ist. Er hat die Freude, daſs ihn Friedrich August Wolf, auf einen „trefflichen Vorarbeiter", Kaspar Friedrich Wolf aufmerksam macht. Goethe macht sich mit dessen 1759 erschienenen Theoria generationis bekannt. Gerade an diesem Vorarbeiter aber ist zu beobachten, wie jemand eine richtige Ansicht über die Tatsachen haben und doch nicht zur vollendeten Idee der organischen Bildung kommen kann, wenn er nicht fähig ist, sich durch ein höheres als das sinnliche Anschauungsvermögen in den Besitz der sinnlich-übersinnlichen Form des Lebens zu setzen. Wolf ist ein ausgezeichneter Beobachter. Er sucht durch mikroskopische Untersuchungen sich über die Anfänge des Lebens aufzuklären. Er erkennt in dem Kelch, der Blumenkrone, den Staubgefäſsen, dem Stempel, dem Samen umgewandelte Blätter. Aber er schreibt die Umwandlung einer allmählichen Abnahme der Lebenskraft zu, die in dem Maſse sich vermindern soll, als die Vegetation länger fortgesetzt wird, um endlich ganz zu verschwinden. Kelch, Krone u. s. w. sind ihm daher eine unvollkommene Ausbildung der Blätter. Wolf ist als Gegner Hallers aufgetreten, der die Präformations- oder Einschachtelungslehre vertrat. Nach dieser sollten alle Glieder eines ausgewachsenen Organismus im Keim schon im Kleinen vorgebildet sein, und zwar in derselben Gestalt und gegenseitigen Anordnung wie im vollendeten Lebewesen. Die Entwicklung eines Organismus ist demzufolge nur eine Auswicklung des schon Vorhandenen. Wolf ließ nur das gelten, was er mit Augen sah. Und da der eingeschachtelte Zustand eines Lebewesens auch durch die sorgfältigsten Beobachtungen nicht zu entdecken war, betrachtete er die Entwicklung als eine wirkliche Neubildung. Die Gestalt eines organischen Wesens ist, nach seiner Ansicht, im Keime noch nicht vorhanden. Goethe ist derselben Meinung in Bezug auf die äußere Erscheinung. Auch er lehnt die Einschachtelungslehre Hallers ab. Für Goethe ist der Organismus im Keime zwar vorgebildet, aber nicht der äußeren Erscheinung, sondern der Idee nach. Die äußere Erscheinung betrachtet auch er als eine Neubildung. Aber er wirft Wolf vor, daß dieser da, wo er nichts mit den Augen des Leibes sieht, auch mit Geistes-Augen nichts wahrnimmt. Wolf hatte keine Vorstellung davon, daß etwas der Idee nach doch vorhanden sein kann, auch wenn es nicht in die äußere Erscheinung tritt. „Deshalb ist er immer bemüht, auf die Anfänge der Lebensbildung durch mikroskopische Untersuchungen zu dringen, und so die organischen Embryonen von ihrer frühesten Erscheinung bis zur Ausbildung zu verfolgen. Wie vortrefflich diese Methode auch sei, durch die er soviel geleistet hat; so dachte der treffliche Mann doch nicht, daß es ein Unterschied sei zwischen Sehen und Sehen, daß die Geistes-Augen mit den Augen des Leibes in stetem lebendigen Bunde zu wirken haben, weil man sonst in Gefahr gerät zu sehen und doch vorbeizusehen. — Bei der Pflanzenverwandlung sah er dasselbige Organ sich immerfort zusammenziehen, sich verkleinern; daß aber dieses Zusammenziehen mit einer Ausdehnung abwechsele, sah er nicht. Er sah, dafs es sich an Volum verringere, und bemerkte nicht, dafs es sich zugleich veredle, und schrieb daher den Weg zur Vollendung, widersinnig, einer Verkümmerung zu" (33. Band der Goethe-Ausgaben in Kürschners Nat.-Litt.).

* * *

Bis zu seinem Lebensende stand Goethe mit zahlreichen Naturforschern in persönlichem und schriftlichem Verkehre. Er beobachtete die Fortschritte der Wissenschaft von den Lebewesen mit dem regsten Interesse; er sah mit Freuden, wie in diesem Erkenntnisgebiete Vorstellungsarten Eingang fanden, die sich der seinigen näherten und wie auch seine Metamorphosenlehre von einzelnen Forschern anerkannt und fruchtbar gemacht wurde. Im Jahre 1817 begann er seine Arbeiten zu sammeln und in einer Zeitschrift, die er unter dem Titel „Zur Morphologie" begründete, herauszugeben. Zu einer Weiterbildung seiner Ideen über organische Bildung durch eigene Beobachtung oder Reflexion kam er trotz alledem nicht mehr. Zu einer eingehenderen Beschäftigung mit solchen Ideen fand er sich nur noch zweimal angeregt. In beiden Fällen fesselten ihn wissenschaftliche Erscheinungen, in denen er eine Bestätigung seiner Gedanken fand. Die eine waren die Vorträge, die K. F. Ph. Martius über die „Vertikal- und Spiraltendenz der Vegetation" auf den Naturforscherversammlungen in den Jahren 1828 und 29 hielt und von denen die Zeitschrift „Isis" Auszüge brachte; die andere ein naturwissenschaftlicher Streit in der französischen Akademie, der im Jahre 1830 zwischen Geoffroy de Saint-Hilaire und Cuvier ausbrach.

Martius dachte sich das Wachstum der Pflanze von zwei Tendenzen beherrscht, von einem Streben in der senkrechten Richtung, wovon Wurzel und Stengel beherrscht werden; und von einem anderen, wodurch Blätter-, Blütenorgane u. s. w. veranlafst werden, sich gemäfs der Form einer Spirallinie an die senkrechten Organe anzugliedern. Goethe griff diese Ideen auf und brachte sie mit seiner Vorstellung von der Metamorphose in Verbindung. Er schrieb einen längeren Aufsatz (Goethe-Ausgabe in Kürschners Nai.-Litt. Band 33), in dem er alle seine Erfahrungen über die Pflanzenwelt zusammenstellte, die ihm auf das Vorhandensein der zwei Tendenzen hinzudeuten schienen. Er glaubt, dafs er diese Tendenzen in seine Idee der Metamorphose aufnehmen müsse. „Wir mufsten annehmen: es walte in der Vegetation eine allgemeine Spiraltendenz, wodurch in Verbindung mit dem vertikalen Streben aller Bau, jede Bildung der Pflanzen nach dem Gesetze der Metamorphose vollbracht wird." Das Vorhandensein der Spiralgefäfse in einzelnen Pflanzenorganen fafst Goethe als Beweis auf, dafs die Spiraltendenz das Leben der Pflanze durchgreifend beherrscht. „Nichts ist der Natur gemäfser, als dafs sie das, was sie im ganzen intentioniert, durch das Einzelnste in Wirksamkeit versetzt." „Man trete zur Sommerszeit vor eine im Gartenboden eingesteckte Stange, an welcher eine Winde (Konvolvel) von unten an sich fortschlängelnd in die Höhe steigt, sich fest anschliefsend ihren lebendigen Wachstum verfolgt.

Man denke sich Winde und Stange, beide gleich lebendig, aus einer Wurzel aufsteigend, sich wechselweise hervorbringend und so unaufhaltsam fortschreitend. Wer sich diesen Anblick in ein inneres Anschauen verwandeln kann, der wird sich den Begriff sehr erleichtert haben. Die rankende Pflanze sucht das außer sich, was sie sich selbst geben sollte und nicht vermag." Dasselbe Gleichnis wendet Goethe am 15. März 1832 in einem Briefe an den Grafen Sternberg an und setzt die Worte hinzu: „Freilich paßt dies Gleichnis nicht ganz, denn im Anfang mußte die Schlingpflanze sich um den sich erhebenden Stamm in kaum merklichen Kreisen herumwinden. Je mehr sie sich aber der oberen Spitze näherte, desto schneller mußte die Schraubenlinie sich drehen, um endlich (bei der Blüte) in einem Kreise auf einen Discus sich zu versammeln, dem Tanze ähnlich, wo man sich in der Jugend gar oft Brust an Brust, Herz an Herz mit den liebenswürdigsten Kindern selbst wider Willen gedrückt sah. Verzeih diese Antropomorphismen." Ferdinand Cohn bemerkt zu dieser Stelle: „Hätte Goethe nur noch Darwin erlebt! wie würde er sich des Mannes erfreut haben, der durch streng induktive Methode klare und überzeugende Beweise für seine Ideen zu finden wußte." Darwin hat von fast allen Pflanzenorganen gezeigt, daß sie in der Zeit ihres Wachstums die Tendenz zu schraubenförmigen Bewegungen haben, die er circummutation nennt.

Im September 1830 spricht sich Goethe in einem Aufsatz über den Streit der beiden Naturforscher Cuvier und Geoffroy de Saint-Hilaire aus; im März 1832 setzt er diesen Aufsatz fort. Der Tatsachenfanatiker

Cuvier trat im Februar und März 1830 in der französischen Akademie gegen die Ausführungen Geoffroy St. Hilaires auf, der, nach Goethes Meinung, zu „einer hohen der Idee gemäfsen Denkweise gelangt" war. Cuvier ist ein Meister im Unterscheiden der einzelnen organischen Formen. Geoffroy bemüht sich, die Analogien in diesen Formen aufzusuchen und den Nachweis zu führen, die Organisation der Tiere sei „einem allgemeinen, nur hier und da modifizierten Plan, woher die Unterscheidung derselben abzuleiten sei, unterworfen". Er strebt die Verwandtschaft der Geschöpfe zu erkennen und ist der Überzeugung, das Einzelne könne aus dem Ganzen nach und nach entwickelt werden. Goethe betrachtet Geoffroy als Gesinnungsgenossen; er spricht das am 2. August 1830 zu Eckermann mit den Worten aus: „Jetzt ist Geoffroy de Saint-Hilaire entschieden auf unserer Seite und mit ihm alle bedeutenden Schüler und Anhänger Frankreichs. Dieses Ereignis ist für mich von ganz unglaublichem Wert und ich juble mit Recht über den endlichen Sieg einer Sache, der ich mein Leben gewidmet habe und die vorzüglich auch die meinige ist.". Geoffroy übt eine Denkweise, die auch die Goethes ist, er sucht in der Erfahrung mit dem sinnlich Mannigfaltigen zugleich auch die Idee der Einheit zu ergreifen; Cuvier hält sich an das Mannigfaltige, an das Einzelne, weil ihm bei dessen Betrachtung die Idee nicht zugleich aufgeht. Geoffroy hat eine richtige Empfindung von dem Verhältnisse des Sinnlichen zur Idee; Cuvier hat sie nicht. Deshalb bezeichnet er Geoffroys einziges Prinzip als anmafslich, ja erklärt es sogar für untergeordnet. Man kann besonders an

Naturforschern die Erfahrung machen, dafs sie absprechend über ein „blofs" Ideelles, Gedachtes sprechen. Sie haben kein Organ für das Ideelle und kennen daher dessen Wirkungsweise nicht. Goethe wurde dadurch, dafs er dieses Organ in besonders vollkommener Ausbildung besafs, von seiner allgemeinen Weltanschauung aus zu seinen tiefen Einsichten in das Wesen des Lebendigen geführt. Seine Fähigkeit, die Geistes-Augen mit den Augen des Leibes in stetem lebendigen Bunde wirken zu lassen, machte es ihm möglich, die einheitliche sinnlich-übersinnliche Wesenheit anzuschauen, die sich durch die organische Entwicklung hindurchzieht, und diese Wesenheit auch da anzuerkennen, wo ein Organ sich aus dem andern herausbildet, durch Umbildung seine Verwandtschaft, seine Gleichheit mit dem vorhergehenden verbirgt, verleugnet, und sich in Bestimmung wie in Bildung in dem Grade verändert, dafs keine Vergleichung nach äufseren Kennzeichen mehr mit dem vorhergehenden stattfinden könne (vergl. den Aufsatz über Joachim Jungius in Goethes Werken, Band 33, Kürschners Nat.-Litt.). Das Sehen mit den Augen des Leibes vermittelt die Erkenntnis des Sinnlichen und Materiellen; das Sehen mit Geistes-Augen führt zur Anschauung der Vorgänge im menschlichen Bewufstsein, zur Beobachtung der Gedanken-, Gefühls- und Willenswelt; der lebendige Bund zwischen geistigem und leiblichem Auge befähigt zur Erkenntnis des Organischen, das als sinnlich-übersinnliches Element zwischen dem rein Sinnlichen und rein Geistigen in der Mitte liegt.

Die Betrachtung der Farbenwelt.

Die Erscheinungen der Farbenwelt.

Goethe wird durch die Empfindung, dafs „die hohen Kunstwerke von Menschen nach wahren und natürlichen Gesetzen hervorgebracht“ sind, fortwährend angeregt, diese wahren und natürlichen Gesetze des künstlerischen Schaffens aufzusuchen. Er ist überzeugt, die Wirkung eines Kunstwerkes müsse darauf beruhen, dafs aus demselben eine natürliche Gesetzmäfsigkeit herausleuchtet. Er will diese Gesetzmäfsigkeit erkennen. Er will wissen, aus welchem Grunde die höchsten Kunstwerke zugleich die höchsten Naturwerke sind. Es wird ihm klar, dafs die Griechen nach eben den Gesetzen verfuhren, nach denen die Natur verfährt, als sie „aus der menschlichen Gestalt den Kreis göttlicher Bildung“ entwickelten. (Ital. Reise 28. Jan. 1787). Er will sehen, wie die Natur diese Bildung zu stande bringt. Um sie in den Kunstwerken verstehen zu können. Goethe schildert, wie es ihm in Italien allmählich gelungen ist, zu einer Einsicht in die natürliche Gesetzmäfsigkeit des künstlerischen Schaffens zu kommen (vergl. Confession des Verfassers, Goethes Werke, Band 36 in Kürschners Nat.-Litt.).

„Zum Glück konnte ich mich an einigen von der Poesie herübergebrachten, mir durch inneres Gefühl und langen Gebrauch bewährten Maximen festhalten, so daſs es mir zwar schwer, aber nicht unmöglich ward, durch ununterbrochenes Anschauen der Natur und Kunst, durch lebendiges wirksames Gespräch mit mehr oder weniger einsichtigen Kennern, durch stetes Leben mit mehr oder weniger praktischen oder denkenden Künstlern, nach und nach mir die Kunst überhaupt einzuteilen, ohne sie zu zerstückeln, und ihre verschiedenen ineinander greifenden Elemente gewahr zu werden." Nur ein einziges Element will ihm nicht die natürlichen Gesetze offenbaren, nach denen es im Kunstwerke wirkt: das Kolorit. Mehrere Gemälde werden „in seiner Gegenwart erfunden und komponiert, die Teile, der Stellung und der Form nach, sorgfältig durchstudiert". Die Künstler können ihm Rechenschaft geben, wie sie bei der Komposition verfahren. Sobald aber die Rede aufs Kolorit kommt, da scheint alles von der Willkür abzuhängen. Niemand weiſs, welcher Bezug zwischen Farbe und Helldunkel, und zwischen den einzelnen Farben herrscht. Worauf es beruht, daſs Gelb einen warmen und behaglichen Eindruck macht, Blau die Empfindung der Kälte hervorruft, daſs Gelb und Rotblau nebeneinander eine harmonische Wirkung hervorbringen, darüber kann Goethe keinen Aufschluſs gewinnen. Er sieht ein, daſs er sich mit der Gesetzmäſsigkeit der Farbenwelt in der Natur erst bekannt machen muſs, um von da aus in die Geheimnisse des Kolorits einzudringen.

Weder die Begriffe über die physische Natur der Farbenerscheinungen, die Goethe von seiner

Studienzeit her noch im Gedächtnis hatte, noch die
physikalischen Kompendien, die er um Rat fragte, erwiesen sich für seinen Zweck als fruchtbar. „Wie
alle Welt, war ich überzeugt, daſs die sämtlichen
Farben im Licht enthalten seien; nie war es mir
anders gesagt worden, und niemals hatte ich die ge-
ringste Ursache gefunden, daran zu zweifeln, weil ich
bei der Sache nicht weiter interessiert war" (Konfession des Verfassers, Goethes Werke in Kürschners
Nat.-Litt. Band 36, 2). Als er aber anfing, interessiert
zu sein, da fand er, daſs er aus dieser Ansicht „nichts
für seinen Zweck entwickeln konnte". Der Begründer
dieser Ansicht, die Goethe bei den Naturforschern
herrschend fand, und die heute noch dieselbe Stellung
einnimmt, ist Newton. Sie behauptet, das weiſse Licht,
wie es von der Sonne ausgeht, ist aus farbigen Lichtern
zusammengesetzt. Die Farben entstehen dadurch, daſs
die einzelnen Bestandteile aus dem weiſsen Lichte ausgesondert werden. Läſst man durch eine kleine runde
Öffnung Sonnenlicht in ein dunkles Zimmer treten, und
fängt es auf einem weiſsen Schirme, der senkrecht
gegen die Richtung des einfallenden Lichtes gestellt
wird, auf, so erhält man ein weiſses Sonnenbild. Stellt
man zwischen die Öffnung und den Schirm ein Glas-
prisma, durch welches das Licht durchstrahlt, so verändert sich das weiſse runde Sonnenbild. Es erscheint
verschoben, in die Länge gezogen und farbig. Man
nennt dieses Bild Sonnenspektrum. Bringt man das
Prisma so an, daſs die oberen Partien des Lichtes
einen kürzeren Weg innerhalb der Glasmasse zurück-
zulegen haben als die unteren, so ist das farbige Bild
nach unten verschoben. Der obere Rand des Bildes

ist rot, der untere violett; das Rote geht nach unten in Gelb, das Violette nach oben in Blau über; die mittlere Partie des Bildes ist im allgemeinen weifs. Nur bei einer gewissen Entfernung des Schirmes vom Prisma verschwindet das Weifse in der Mitte vollständig; das ganze Bild erscheint farbig, und zwar von oben nach unten in der Folge: rot, orange, gelb, grün, hellblau, indigo, violett. Aus diesem Versuche schliefsen Newton und seine Anhänger, dafs die Farben ursprünglich in dem weifsen Lichte enthalten seien, aber miteinander vermischt. Durch das Prisma werden sie voneinander gesondert. Sie haben die Eigenschaft, beim Durchgange durch einen durchsichtigen Körper verschieden stark von ihrer Richtung abgelenkt, das heifst gebrochen zu werden. Das rote Licht wird am wenigsten, das violette am meisten gebrochen. Nach der Stufenfolge ihrer Brechbarkeit erscheinen sie im Spectrum. Betrachtet man einen schmalen Papierstreifen auf schwarzem Grunde durch ein Prisma, so erscheint derselbe ebenfalls abgelenkt. Er ist zugleich breiter und an seinen Rändern farbig. Der obere Rand erscheint violett, der untere rot; das Violette geht auch hier ins Blaue, das Rote ins Gelbe über; die Mitte ist im allgemeinen weifs. Nur bei einer gewissen Entfernung des Prismas von dem Streifen erscheint dieser ganz farbig. In der Mitte erscheint wieder das Grün. Auch hier soll das Weifse des Papierstreifens in seine farbigen Bestandteile zerlegt sein. Dafs nur bei einer gewissen Entfernung des Schirmes oder Streifens vom Prisma alle Farben erscheinen, während sonst die Mitte weifs ist, erklären die Newtonianer einfach. Sie sagen: In der Mitte fallen die stärker abgelenkten Lichter vom oberen Teil des Bildes mit den schwächer abgelenkten vom unteren zusammen und vermischen sich zu Weiſs. Nur an den Rändern erscheinen die Farben, weil hier in die am schwächsten abgelenkten Lichtteile keine stärker abgelenkten von oben und in die am stärksten abgelenkten keine schwächer abgelenkten von unten hineinfallen können.

Dies ist die Ansicht, aus der Goethe für seinen Zweck nichts entwickeln kann. Er will deshalb die Erscheinungen selbst beobachten. Er wendet sich an Hofrat Büttner in Jena, der ihm die Apparate leihweise überläſst, mit denen er die nötigen Versuche anstellen kann. Er ist zunächst mit andern Arbeiten beschäftigt und will, auf Büttners Drängen, die Apparate wieder zurückgeben. Vorher nimmt er doch noch ein Prisma zur Hand, um durch dasselbe auf eine völlig geweiſste Wand zu sehen. Er erwartet, daſs sie in verschiedenen Stufen gefärbt erscheine. Aber sie bleibt weiſs. Nur an den Stellen, wo das Weiſse an Dunkles stöſst, treten Farben auf. Die Fensterstäbe erscheinen in den allerlebhaftesten Farben. Aus diesen Beobachtungen glaubt Goethe zu erkennen, daſs die Newtonsche Anschauung falsch sei, daſs die Farben nicht im weiſsen Lichte enthalten seien. Die Grenze, das Dunkle, müsse mit der Entstehung der Farben etwas zu tun haben. Er setzt die Versuche fort. Weiſse Flächen auf schwarzem und schwarze Flächen auf weiſsem Grunde werden betrachtet. Allmählich bildet er sich eine eigene Ansicht. Eine weiſse Scheibe auf schwarzem Grunde erscheint beim Durchblicken durch das Prisma verschoben. Die oberen Partien der

Scheibe, meint Goethe, schieben sich über das angrenzende Schwarz des Untergrundes; während sich dieser Untergrund über die unteren Partien der Scheibe hinzieht. Sieht man nun durch das Prisma, so erblickt man durch den oberen Scheibenteil den schwarzen Grund wie durch einen weißen Schleier. Besieht man sich den unteren Teil der Scheibe, so scheint dieser durch das übergelagerte Dunkle hindurch. Oben wird ein Helles über ein Dunkles geführt; unten ein Dunkles über ein Helles. Der obere Rand erscheint blau, der untere gelb. Das Blau geht gegen das Schwarze zu in Violett; das Gelbe nach unten in ein Rot über. Wird das Prisma von der beobachteten Scheibe entfernt, so verbreitern sich die farbigen Ränder; das Blau nach unten; das Gelb nach oben. Bei hinreichender Entfernung greift das Gelb von unten über das Blau von oben; durch das Übereinandergreifen entsteht in der Mitte Grün. Zur Bestätigung dieser Ansicht betrachtet Goethe eine schwarze Scheibe auf weißem Grunde durch das Prisma. Nun wird oben ein Dunkles über ein Helles, unten ein Helles über ein Dunkles geführt. Oben erscheint Gelb, unten Blau. Bei Verbreiterung der Ränder durch Entfernung des Prismas von der Scheibe wird das untere Blau, das allmählich gegen die Mitte zu in Violett übergeht, über das obere Gelb, das in seiner Verbreiterung nach und nach einen roten Ton erhält, geführt. Es entsteht in der Mitte Pfirsichblüt. Goethe sagte sich: was für die weiße Scheibe richtig ist, muß auch für die schwarze gelten. „Wenn sich dort das Licht in so vielerlei Farben auflöst, so müßte ja hier auch die Finsternis als in Farben aufgelöst angesehen werden"

Konfession des Verfassers, Goethes Werke in Kürschners Nat.-Litt. Band 36, 2). Goethe teilt nun seine Beobachtungen und die Bedenken, die ihm daraus gegen die Newtonsche Anschauung erwachsen sind, einen ihm bekannten Physiker mit. Dieser erklärt die Bedenken für unbegründet. Er leitete die farbigen Ränder und das Weiße in der Mitte, sowie dessen Übergang in Grün, bei gehöriger Entfernung des Prismas von dem beobachteten Objekt, im Sinne der Newtonschen Ansicht ab. Ähnlich verhalten sich andere Naturforscher, denen Goethe die Sache vorlegt. Er setzt die Beobachtungen, für die er gerne Beihilfe von kundigen Fachleuten gehabt hätte, allein fort. Er läßt ein großes Prisma aus Spiegelscheiben zusammensetzen, das er mit reinem Wasser anfüllt. Weil er bemerkt, daß die gläsernen Prismen, deren Querschnitt ein gleichseitiges Dreieck ist, wegen der starken Verbreiterung der Farbenerscheinung dem Beobachter oft hinderlich sind: läßt er seinem großen Prisma den Querschnitt eines gleichschenkeligen Dreieckes geben, dessen kleinster Winkel nur fünfzehn bis zwanzig Grade groß ist. Die Versuche, welche in der Weise angestellt werden, daß das Auge durch das Prisma auf einen Gegenstand blickt, nennt Goethe subjektiv. Sie stellen sich dem Auge dar, sind aber nicht in der Außenwelt fixiert. Er will zu diesen auch objektive hinzufügen. Dazu bedient er sich des Wasserprismas. Das Licht scheint durch ein Prisma durch, und hinter dem Prisma wird das Farbenbild auf einem Schirme aufgefangen. Goethe läßt nun das Sonnenlicht durch die Öffnungen ausgeschnittener Pappen hindurchgehen. Er erhält dadurch einen erleuchteten Raum, der ringsherum von Dunkelheit begrenzt ist. Diese begrenzte Lichtmasse geht durch das Prisma und wird durch dasselbe von ihrer Richtung abgelenkt. Hält man der aus dem Prisma kommenden Lichtmasse einen Schirm entgegen, so entsteht auf demselben ein Bild, das im allgemeinen an den Rändern oben und unten gefärbt ist. Ist das Prisma so gestellt, daſs sein Querschnitt von oben nach unten schmäler wird, so ist der obere Rand des Bildes blau, der untere gelb gefärbt. Das Blau geht gegen den dunklen Raum in Violett, gegen die helle Mitte zu in Hellblau über; das Gelbe gegen die Dunkelheit zu in Rot. Auch bei dieser Erscheinung leitet Goethe die Farbenerscheinung von der Grenze her. Oben strahlt die helle Lichtmasse in den dunklen Raum hinein; sie erhellt ein Dunkles, das dadurch blau erscheint. Unten strahlt der dunkle Raum in die Lichtmasse hinein; er verdunkelt ein Helles und läſst es gelb erscheinen. Durch Entfernung des Schirmes von dem Prisma werden die Farbenränder breiter, das Gelbe nähert sich dem Blauen. Durch Einstrahlung des Blauen in das Gelbe erscheint bei hinlänglicher Entfernung des Schirmes vom Prisma in der Mitte des Bildes Grün. Goethe macht sich das Hineinstrahlen des Hellen in das Dunkle und des Dunklen in das Helle dadurch anschaulich, daſs er in der Linie, in welcher die Lichtmasse durch den dunkeln Raum geht, eine weiſse feine Staubwolke erregt, die er durch feinen, trockenen Haarpuder hervorbringt. „Die mehr oder weniger farbige Erscheinung wird nun durch die weiſsen Atome aufgefangen und dem Auge in ihrer ganzen Breite und Länge dargestellt" (Farbenlehre,

Didaktischer Teil § 326). Goethe findet seine Ansicht, die er an den subjektiven Erscheinungen gewonnen, durch die objektiven bestätigt. Die Farben werden durch das Zusammenwirken von Hell und Dunkel hervorgebracht. Das Prisma dient nur dazu, Hell und Dunkel übereinander zu schieben.

*　　*　　*

Goethe kann, nachdem er diese Versuche gemacht hat, die Newtonsche Ansicht nicht zu der seinigen machen. Es geht ihm mit ihr ähnlich wie mit der Hallerschen Einschachtelungslehre. Wie diese den ausgebildeten Organismus bereits mit allen seinen Teilen im Keime enthalten denkt, so glauben die Newtonianer, dafs die Farben, die unter gewissen Bedingungen am Lichte erscheinen, in diesem schon eingeschlossen seien. Er könnte gegen diesen Glauben dieselben Worte gebrauchen, die er der Einschachtelungslehre entgegengehalten hat, sie „beruhe auf einer blofsen aufsersinnlichen Einbildung, auf einer Annahme, die man zu denken glaubt, aber in der Sinnenwelt niemals darstellen kann“ (vgl. den Aufsatz über L. Fr. Wolf im 33. Bande von Goethes Werken, Kürschners Nat.-Litt.). Ihm sind die Farben Neubildungen, die an dem Lichte entwickelt werden, nicht Wesenheiten, die aus dem Lichte blofs ausgewickelt werden. Wegen seiner „der Idee gemäfsen Denkweise“ mufs er die Newtonsche Ansicht ablehnen. Diese kennt das Wesen des Ideellen nicht. Nur was tatsächlich vorhanden ist, erkennt sie an. Was in der-

selben Weise vorhanden ist wie das Sinnlich-Wahr-
nehmbare. Und wo sie die Tatsächlichkeit nicht durch
die Sinne nachweisen kann; da nimmt sie dieselbe hypo-
thetisch an. Weil am Lichte die Farben sich entwickeln; also der Idee nach schon in demselben
enthalten sein müssen, glaubt sie, sie seien auch tatsächlich, materiell in demselben enthalten und werden
durch das Prisma und die dunkle Umgrenzung nur
hervorgeholt. Goethe weifs, dafs die Idee in der
Sinnenwelt wirksam ist; deshalb versetzt er etwas,
was als Idee vorhanden ist, nicht in den Bereich des
Tatsächlichen. In der unorganischen Natur wirkt das
Ideelle ebenso wie in der organischen, nur nicht als
sinnlich-übersinnliche Form. Ihre äufsere Erscheinung
ist ganz materiell, blofs sinnlich. Sie dringt nicht
ein in das Sinnliche; sie durchgeistigt es nicht. Die
Vorgänge der unorganischen Natur verlaufen gesetzmäfsig, und diese Gesetzmäfsigkeit stellt sich dem
Beobachter als Idee dar. Wenn man an einer Stelle
des Raumes weifses Licht und an einer andern Farben
wahrnimmt, die an demselben entstehen, so besteht
zwischen den beiden Wahrnehmungen ein gesetz-
mäfsiger Zusammenhang, der als Idee vorgestellt werden
kann. Wenn aber jemand diese Idee verkörperlicht
und als Tatsächliches in den Raum hinaus versetzt,
das von dem Gegenstande der einen Wahrnehmung
in den der andern hinüberzieht, so entspringt das aus
einer grobsinnlichen Vorstellungsweise. Dieses Grob-
sinnliche ist es, was Goethe von der Newtonschen Anschauung zurückstöfst. Die Idee ist es, die einen
unorganischen Vorgang in den andern hinüberleitet,

nicht ein Tatsächliches, das von dem einen zu dem andern wandert.

*

*

Die Goethesche Weltanschauung kann nur zwei Quellen für alle Erkenntnis der unorganischen Naturvorgänge anerkennen: dasjenige, was an diesen Vorgängen sinnlich wahrnehmbar ist, und die ideellen Zusammenhänge des Sinnlich-Wahrnehmbaren, die sich dem Denken offenbaren. Die ideellen Zusammenhänge innerhalb der Sinneswelt sind nicht gleicher Art. Es gibt solche, die unmittelbar einleuchtend sind, wenn sinnliche Wahrnehmungen nebeneinander oder nacheinander auftreten, und andere, die man erst durchschauen kann, wenn man sie auf solche der ersten Art zurückführt. In der Erscheinung, die sich dem Auge darbietet, wenn es ein Dunkles durch ein Helles ansieht und Blau wahrnimmt, glaubt Goethe einen Zusammenhang der ersten Art zwischen Licht, Finsternis und Farbe zu erkennen. Ebenso ist es, wenn Helles durch ein Dunkles angeschaut gelb ergibt. Die Randerscheinungen des Spektrums lassen einen Zusammenhang erkennen, der durch unmittelbares Beobachten klar wird. Das Spektrum, das in einer Stufenfolge sieben Farben vom Rot bis zum Violett zeigt, kann nur verstanden werden, wenn man sieht, wie zu den Bedingungen, durch welche die Randerscheinungen entstehen, andere hinzugefügt werden. Die einfachen Randerscheinungen haben sich in dem Spektrum zu einem komplizierten Phänomen verbunden, das nur verstanden werden kann, wenn man es aus den Grunderscheinungen ableitet. Was in dem Grundphänomen in seiner Reinheit vor dem Beobachter steht, das erscheint in dem komplizierten, durch die hinzugefügten Bedingungen, unrein, modifiziert. Die einfachen Tatbestände sind nicht mehr unmittelbar zu erkennen. Goethe sucht daher die komplizierten Phänomene überall auf die einfachen, reinen zurückzuführen. In dieser Zurückführung sieht er die Erklärung der unorganischen Natur. Vom reinen Phänomen geht er nicht mehr weiter. In demselben offenbart sich ein ideeller Zusammenhang sinnlicher Wahrnehmungen, der sich durch sich selbst erklärt. Das reine Phänomen nennt Goethe Urphänomen. Er sieht es als müfsige Spekulation an, über das Urphänomen weiter nachzudenken. „Der Magnet ist ein Urphänomen, das man nur aussprechen darf, um es erklärt zu haben." (Sprüche in Prosa, 36. Band von Goethes Werken in Kürschners Nat.-Litt.) Ein zusammengesetztes Phänomen wird erklärt, wenn man zeigt, wie es sich aus Urphänomenen aufbaut.

*   *
*

Die moderne Naturwissenschaft verfährt anders als Goethe. Sie will die Vorgänge in der Sinnenwelt auf Bewegungen kleinster Körperteile zurückführen und bedient sich zur Erklärung dieser Bewegungen derselben Gesetze, durch die sie die Bewegungen begreift, die sichtbar im Raume vor sich gehen. Diese sichtbaren Bewegungen zu erklären ist Aufgabe der Mechanik. Wird die Bewegung einer Körpers beobachtet, so fragt die Mechanik: durch welche Kraft

ist er in Bewegung versetzt worden; welchen Weg
legt er in einer bestimmten Zeit zurück; welche Form
hat die Linie, in der er sich bewegt u. s. w. Die
Beziehungen der Kraft, des zurückgelegten Weges,
der Form der Bahn sucht sie mathematisch darzustellen. Nun sagt der Naturforscher: das rote Licht
kann auf eine schwingende Bewegung kleinster Körperteile zurückgeführt werden, die sich im Raume fort-
pflanzt. Begriffen wird diese Bewegung dadurch,
daſs man die in der Mechanik gewonnenen Gesetze
auf sie anwendet. Die Wissenschaft der unorganischen
Natur betrachtet es als ihr Ziel, allmählich vollständig
in angewandte Mechanik überzugehen.

*　　*　　*

Die moderne Physik fragt nach der Anzahl der
Schwingungen in der Zeiteinheit, welche einer bestimmten Farbenqualität entsprechen. Aus der Anzahl
der Schwingungen, die dem Rot entsprechen und aus
derjenigen, welche dem Violett entsprechen, sucht sie den
physikalischen Zusammenhang der beiden Farben zu bestimmen. Vor ihren Blicken verschwindet das Qualitative; sie betrachtet das Räumliche und Zeitliche
der Vorgänge. Goethe fragt: welcher Zusammenhang
besteht zwischen Rot und Violett, wenn man vom
Räumlichen und Zeitlichen absieht und bloſs das
Qualitative der Farben betrachtet. Die Goethesche
Betrachtungsweise hat zur Voraussetzung, daſs das
Qualitative wirklich auch in der Aufsenwelt vorhanden ist und mit dem Zeitlichen und Räumlichen
ein untrennbares Ganze ist. Die moderne Physik muſs

dagegen von der Grundanschauung ausgehen, daſs in der Auſsenwelt nur Quantitatives, licht- und farblose Bewegungsvorgänge vorhanden seien, und daſs alles Qualitative erst als Wirkung des Quantitativen auf den sinn- und geistbegabten Organismus entstehe. Wäre diese Annahme richtig, dann könnten die gesetzmäſsigen Zusammenhänge des Qualitativen auch nicht in der Auſsenwelt gesucht, sie müssten aus dem Wesen der Sinneswerkzeuge, des Nervenapparates und des Vorstellungsorganes abgeleitet werden. Die qualitativen Elemente der Vorgänge wären dann nicht Gegenstand der physikalischen Untersuchung, sondern der physiologischen und psychologischen. Dieser Voraussetzung gemäſs verfährt die moderne Naturwissenschaft. Der Organismus übersetzt, nach ihrer Ansicht, entsprechend der Einrichtung seiner Augen, seines Sehnervs und seines Gehirns einen Bewegungsvorgang in die Empfindung des Rot, einen andern in die des Violett. Daher ist alles Äuſsere der Farbenwelt erklärt, wenn man den Zusammenhang der Bewegungsvorgänge durchschaut hat, von denen diese Welt bestimmt wird.

Ein Beweis für diese Ansicht wird in folgender Beobachtung gesucht. Der Sehnerv empfindet jeden äuſseren Eindruck als Lichtempfindung. Nicht nur Licht, sondern auch ein Stoſs oder Druck auf das Auge, eine Zerrung der Netzhaut bei schneller Bewegung des Auges, ein elektrischer Strom, der durch den Kopf geleitet wird: das alles bewirkt Lichtempfinduug. Dieselben Dinge empfindet ein anderer Sinn in anderer Weise. Stoſs, Druck, Zerrung, elektrischer Strom bewirken, wenn sie die Haut erregen,

Tastempfindungen. Elektrizität erregt im Ohr eine Gehör-, auf der Zunge eine Geschmackempfindung. Daraus schließt man, daß der Empfindungsinhalt, der im Organismus durch eine Einwirkung von außen auftritt, verschieden ist von dem äußeren Vorgange, durch den er veranlaßt wird. Die rote Farbe wird von dem Organismus nicht empfunden, weil sie an einen entsprechenden Bewegungsvorgang draußen im Raume gebunden ist, sondern weil Auge, Sehnerv und Gehirn des Organismus so eingerichtet sind, daß sie einen farblosen Bewegungsvorgang in eine Farbe übersetzen. Das hiermit ausgesprochene Gesetz wurde von dem Physiologen Johannes Müller, der es zuerst aufgestellt hat, das Gesetz der spezifischen Sinnesenergieen genannt.

Die angeführte Beobachtung beweist nur, daß der sinn- und geistbegabte Organismus die verschiedenartigsten Eindrücke in die Sprache der Sinne übersetzen kann, auf die sie ausgeübt werden. Nicht aber, daß der Inhalt jeder Sinnesempfindung auch nur im Innern des Organismus vorhanden ist. Bei einer Zerrung des Sehnervs entsteht eine unbestimmte, ganz allgemeine Erregung, die nichts enthält, was veranlaßt, ihren Inhalt in den Raum hinaus zu versetzen. Eine Empfindung, die durch einen wirklichen Lichteindruck entsteht, ist inhaltlich unzertrennlich verbunden mit dem Räumlich-Zeitlichen, das ihr entspricht. Die Bewegung eines Körpers und seine Farbe sind auf ganz gleiche Weise Wahrnehmungsinhalt. Wenn man die Bewegung für sich vorstellt, so abstrahiert man von dem, was man noch sonst an dem Körper wahrnimmt. Wie die Bewegung, so sind alle übrigen mechanischen und mathematischen Vorstellungen der Wahrnehmungswelt entnommen. Mathematik und Mechanik entstehen dadurch, daſs von dem Inhalte der Wahrnehmungswelt ein Teil ausgesondert und für sich betrachtet wird. In der Wirklichkeit gibt es keine Gegenstände oder Vorgänge, deren Inhalt erschöpft ist, wenn man das an ihnen begriffen hat, was durch Mathematik und Mechanik auszudrücken ist. Alles Mathematische und Mechanische ist an Farbe, Wärme und andere Qualitäten gebunden. Wenn die Physik genötigt ist, anzunehmen, daſs der Wahrnehmung einer Farbe Schwingungen im Raume entsprechen, denen eine sehr kleine Ausdehnung und eine sehr groſse Geschwindigkeit eigen ist, so können diese Bewegungen nur analog den Bewegungen gedacht werden, die sichtbar im Raume vorgehen. Das heiſst, wenn die Körperwelt bis in ihre kleinsten Elemente bewegt gedacht wird, so muſs sie auch bis in ihre kleinsten Elemente hinein mit Farbe, Wärme und andern Eigenschaften ausgestattet vorgestellt werden. Wer Farben, Wärme, Töne u. s. w. als Qualitäten auffaſst, die als Wirkungen äuſserer Vorgänge durch den vorstellenden Organismus nur im Innern desselben existieren, der muſs auch alles Mathematische und Mechanische, das mit diesen Qualitäten zusammenhängt, in dieses Innere verlegen. Dann aber bleibt ihm für seine Auſsenwelt nichts mehr übrig. Das Rot, das ich sehe, und die Lichtschwingungen, die der Physiker als diesem Rot entsprechend nachweist, sind in Wirklichkeit eine Einheit, die nur der abstrahierende Verstand von einander trennen kann. Die Schwingungen im Raume, die der Qualität „Rot“

entsprechen, würde ich als Bewegung sehen, wenn mein Auge dazu organisiert wäre. Aber ich würde verbunden mit der Bewegung den Eindruck der roten Farbe haben.

Die moderne Naturwissenschaft versetzt ein unwirkliches Abstraktum, ein aller Empfindungsqualitäten entkleidetes, schwingendes Substrat in den Raum und wundert sich, daſs nicht begriffen werden kann, was den vorstellenden mit Nervenapparaten und Gehirn ausgestatteten Organismus veranlassen kann, diese gleichgiltigen Bewegungsvorgänge in die bunte, von Wärmegraden und Tönen durchsetzte Sinnenwelt zu übersetzen. Du Bois-Reymond nimmt deshalb an, daſs der Mensch wegen einer unüberschreitbaren Grenze seines Erkennens nie verstehen werde, wie die Tatsache: „ich schmecke Süſses, rieche Rosenduft, höre Orgelton, sehe Rot" zusammenhängt mit bestimmten Bewegungen kleinster Körperteile im Gehirn, welche Bewegungen wieder veranlaſst werden durch die Schwingungen der geschmack-, geruch-, ton- und farbenlosen Elemente der äuſseren Körperwelt. „Es ist durchaus und für immer unbegreiflich, daſs es einer Anzahl von Kohlenstoff-, Wasserstoff-, Stickstoff-, Sauerstoff- u. s. w. Atomen nicht sollte gleichgiltig sein, wie sie liegen und sich bewegen, wie sie lagen und sich bewegten, wie sie liegen und sich bewegen werden" (Grenzen des Naturerkennens, Leipzig 1882 S. 35 f.). Es liegt aber hier durchaus keine Erkenntnisgrenze vor. Wo im Raume eine Anzahl von Atomen in einer bestimmten Bewegung ist, da ist notwendig auch eine bestimmte Qualität (z. B. Rot) vorhanden. Und umgekehrt, wo Rot auftritt, da muſs die Bewegung vorhanden sein. Nur das abstrahierende Denken kann das eine von dem andern trennen. Wer die Bewegung von dem übrigen Inhalte des Vorganges, zu dem die Bewegung gehört, in der Wirklichkeit abgetrennt denkt, der kann den Übergang von dem einen zu dem andern nicht wieder finden.

Nur was an einem Vorgang Bewegung ist, kann wieder von Bewegung abgeleitet werden; was dem Qualitativen der Farben- und Lichtwelt angehört, kann auch nur auf ein ebensolches Qualitatives innerhalb desselben Gebietes zurückgeführt werden. Die Mechanik führt zusammengesetzte Bewegungen auf einfache zurück, die unmittelbar begreiflich sind. Die Farbentheorie muſs komplizierte Farbenerscheinungen auf einfache zurückführen, die in gleicher Weise durchschaut werden können. Ein einfacher Bewegungsvorgang ist ebenso ein Urphänomen, wie das Entstehen des Gelben aus dem Zusammenwirken von Hell und Dunkel. Goethe weiſs, was die mechanischen Urphänomene für die Erklärung der unorganischen Natur leisten können. Was innerhalb der Körperwelt nicht mechanisch ist, das führt er auf Urphänomene zurück, die nicht mechanischer Art sind. Man hat Goethe den Vorwurf gemacht, er habe die mechanische Betrachtung der Natur verworfen und sich nur auf die Beobachtung und Aneinanderreihung des Sinnlich-Anschaulichen beschränkt (vergl. z. B. Harnack in seinem Buche „Goethe in der Epoche seiner Vollendung“ S. 12). Du Bois-Reymond findet (Goethe und kein Ende, Leipzig 1883 S. 29): Goethes „Theoretisieren beschränkt sich darauf, aus einem Urphänomen, wie er es nennt, andere Phänomene hervorgehen zu lassen, etwa wie ein Nebelbild dem andern folgt, ohne einleuchtenden ursächlichen Zusammenhang. Der Begriff der mechanischen Kausalität war es, der Goethe gänzlich abging". Was tut aber die Mechanik anderes, als verwickelte Vorgänge aus einfachen Urphänomenen hervorgehen lassen? Goethe hat auf dem Gebiete der Farbenwelt genau dasselbe gemacht, was der Mechaniker im Gebiete der Bewegungsvorgänge leistet. Weil Goethe nicht der Ansicht ist, alle Vorgänge in der unorganischen Natur seien rein mechanische, deshalb hat man ihm den Begriff der mechanischen Kausalität aberkannt. Wer das thut, der zeigt nur, daſs er selbst im Irrtum darüber ist, was mechanische Kausalität innerhalb der Körperwelt bedeutet. Goethe bleibt innerhalb des Qualitativen der Licht- und Farbenwelt stehen; das Quantitative, Mechanische, das mathematisch auszudrücken ist, überläſst er andern. Er „hat die Farbenlehre durchaus von der Mathematik entfernt zu halten gesucht, ob sich gleich gewisse Punkte deutlich genug ergeben, wo die Beihilfe der Meſskunst wünschenswert sein würde. Aber so mag auch dieser Mangel zum Vorteil gereichen, indem es nunmehr des geistreichen Mathematikers Geschäft werden kann, selbst aufzusuchen, wo denn die Farbenlehre seiner Hilfe bedarf, und wie er zur Vollendung dieses Teils der Naturlehre das Seinige beitragen kann" (§ 727 des didaktischen Teiles der Farbenlehre). Die qualitativen Elemente des Gesichtssinnes: Licht, Finsternis, Farben müssen erst aus ihren eigenen Zusammenhängen begriffen, auf Urphänomene zurückgeführt werden; dann kann auf einer höheren Stufe des Denkens untersucht werden, welcher Bezug besteht zwischen diesen Zusammenhängen und dem Quantitativen, dem Mechanisch-Mathematischen in der Licht- und Farbenwelt.

Die Zusammenhänge innerhalb des Qualitativen der Farbenwelt will Goethe in ebenso strengem Sinne auf die einfachsten Elemente zurückführen, wie das der Mathematiker oder Mechaniker auf seinem Gebiete tut. Die „Bedächtlichkeit, nur das Nächste ans Nächste zu reihen, vielmehr das Nächste aus dem Nächsten zu folgern, haben wir von den Mathematikern zu lernen und selbst da, wo wir uns keiner Rechnung bedienen, müssen wir immer so zu Werke gehen, als wenn wir dem strengsten Geometer Rechenschaft zu geben schuldig wären. Denn eigentlich ist es die mathematische Methode, welche wegen ihrer Bedächtlichkeit und Reinheit gleich jeden Sprung in der Assertion offenbart, und ihre Beweise sind eigentlich nur umständliche Ausführungen, dass dasjenige, was in Verbindung gebracht wird, schon in seinen einfachen Teilen und seiner ganzen Folge da gewesen, in seinem Umfange übersehen und unter allen Bedingungen richtig und unumstöfslich erfunden worden" (Versuch als Vermittler von Subjekt und Objekt, Goethes Werke in Kürschners Nat.-Litt. Band 34).

*　　*　　*

Goethe entnimmt die Erklärungsprinzipien für die Erscheinungen unmittelbar aus dem Bereich der Beobachtung. Er zeigt, wie innerhalb der erfahrbaren Welt die Erscheinungen zusammenhängen. Vorstellungen, welche über das Gebiet der Beobachtung hinausweisen, lehnt er ab. Alle Erklärungsarten, die das Feld der Erfahrung dadurch überschreiten, daſs sie Faktoren herbeiziehen, die ihrer Wesenheit nach nicht beobachtbar sind, widersprechen der Goetheschen Weltanschauung. Eine solche Erklärungsart ist diejenige, welche das Wesen des Lichtes in einem Lichtstoff sucht, der als solcher nicht selbst wahrgenommen, sondern nur in seiner Wirkungsweise als Licht beobachtet werden kann. Auch gehört zu diesen Erklärungsarten die in der modernen Naturwissenschaft herrschende, nach welcher die Bewegungsvorgänge der Lichtwelt nicht von den wahrnehmbaren Qualitäten des Gesichtssinnes, sondern von den kleinsten Teilen des nicht wahrnehmbaren Stoffes ausgeführt werden. Es widerspricht der Goetheschen Weltanschauung nicht, sich vorzustellen, daſs eine bestimmte Farbe mit einem bestimmten Bewegungsvorgang im Raume verknüpft sei. Aber es widerspricht ihr durchaus, wenn behauptet wird, dieser Bewegungsvorgang gehöre einem aufserhalb der Erfahrung gelegenen Wirklichkeitsgebiete an, der Welt des Stoffes, die zwar in ihren Wirkungen, nicht aber ihrer eigenen Wesenheit nach beobachtet werden kann. Für einen Anhänger der Goetheschen Weltanschauung sind die Lichtschwingungen im Raume Vorgänge, denen keine andere Art von Wirklichkeit zukommt als dem übrigen Wahrnehmungsinhalt. Sie entziehen sich der unmittelbaren Beobachtung nicht deshalb, weil sie jenseits des Gebietes der Erfahrung liegen, sondern weil die menschlichen Sinnesorgane nicht so fein organisiert sind, daſs sie Bewegungen von solcher Kleinheit noch unmittelbar wahrnehmen. Wäre ein Auge so organisiert, daſs es das Hin- und Herschwingen eines Dinges, das in einer Sekunde sich vierhundert Billionen-Mal wiederholt, noch in allen Einzelheiten beobachten könnte, so würde sich ein solcher Vorgang genau so darstellen wie einer der grob-sinnlichen Welt. Das heiſst, das schwingende Ding würde dieselben Eigenschaften zeigen wie andere Wahrnehmungsdinge.

Jede Erklärungsart, welche die Dinge und Vorgänge der Erfahrung aus anderen nicht innerhalb des Erfahrungsfeldes gelegenen ableitet, kann zu inhaltvollen Vorstellungen von diesem jenseits der Beobachtung befindlichen Wirklichkeitsgebiete nur dadurch gelangen, daſs sie gewisse Eigenschaften aus der Erfahrungswelt entlehnt und auf das Unerfahrbare überträgt. So überträgt der Physiker Härte, Undurchdringlichkeit auf die kleinsten Körperelemente, denen er auſserdem noch die Fähigkeit zuschreibt, ihresgleichen anzuziehen und abzustoſsen; dagegen erkennt er diesen Elementen Farbe, Wärme und andere Eigenschaften nicht zu. Er glaubt einen erfahrbaren Vorgang der Natur dadurch zu erklären, daſs er ihn auf einen nicht erfahrbaren zurückführt. Nach Du Bois-Reymonds Ansicht ist Naturerkennen Zurückführen der Vorgänge in der Körperwelt auf Bewegungen von Atomen, die durch deren anziehende und abstoſsende Kräfte bewirkt werden (Grenzen des Naturerkennens, Leipzig 1882, S. 10). Als das Bewegliche wird dabei die Materie, der den Raum erfüllende Stoff, angenommen. Dieser Stoff soll von Ewigkeit her dagewesen sein und wird in alle Ewigkeit hinein da sein. Dem Gebiete der Beobachtung soll aber die Materie nicht angehören, sondern jenseits desselben vorhanden sein. Du Bois-Reymond nimmt deshalb an, daſs der Mensch unfähig sei, das Wesen der Materie selbst zu erkennen, daſs er also die Vorgänge der Körperwelt auf etwas zurückführe, dessen Natur ihm immer unbekannt bleiben wird. „Nie werden wir besser als heute wissen, was hier im Raume, wo Materie ist, spukt" (Grenzen des Naturerkennens S. 22). Vor einer genauen Überlegung löst sich dieser Begriff der Materie in Nichts auf. Der wirkliche Inhalt, den man diesem Begriffe gibt, ist aus der Erfahrungswelt entlehnt. Man nimmt Bewegungen innerhalb der Erfahrungswelt wahr. Man fühlt einen Zug, wenn man ein Gewicht in der Hand hält, und einen Druck, wenn man auf die horizontal hingehaltene Handfläche ein Gewicht legt. Um diese Wahrnehmung zu erklären, bildet man den Begriff der Kraft. Man stellt sich vor, daſs die Erde das Gewicht anzieht. Die Kraft selbst kann nicht wahrgenommen werden. Sie ist ideell. Sie gehört aber doch dem Beobachtungsgebiete an. Der Geist beobachtet sie, weil er die ideellen Bezüge der Wahrnehmungen untereinander anschaut. Zu dem Begriffe einer Abstoſsungskraft wird man geführt, wenn man ein Stück Kautschuk zusammendrückt, und es sich dann selbst überläſst. Es stellt sich in seiner früheren Gestalt und Gröſse wieder her. Man stellt sich vor, die zusammengedrängten Teile des Kautschuks stoſsen sich ab und nehmen den früheren Rauminhalt wieder ein. Solche aus der Beobachtung geschöpfte Vorstellungen überträgt die angedeutete Denkart auf das unerfahrbare Wirklichkeitsgebiet. Sie tut in Wirklichkeit also nichts, als ein Erfahrbares aus einem andern Erfahrbaren herleiten. Nur versetzt sie willkürlich das letztere in das Gebiet des Unerfahrbaren. Jeder Vorstellungsart, die von einem Unerfahrbaren spricht, ist nachzuweisen, daſs sie einige Lappen aus dem Gebiete der Erfahrung aufnimmt und in ein jenseits der Beobachtung gelegenes Wirklichkeitsgebiet verweist. Nimmt man die Erfahrungslappen aus der Vorstellung des Unerfahrbaren heraus, so bleibt ein inhaltloser Begriff, ein Unbegriff, zurück. Die Erklärung eines Erfahrbaren kann nur darin bestehen, daſs man es auf ein anderes Erfahrbares zurückführt. Zuletzt gelangt man zu Elementen innerhalb der Erfahrung, die nicht mehr auf andere zurückgeführt werden können. Diese sind nicht weiter zu erklären, weil sie keiner Erklärung bedürftig sind. Sie enthalten ihre Erklärung in sich selbst. Ihr unmittelbares Wesen besteht in dem, was sie der Beobachtung darbieten. Ein solches Element ist für Goethe das Licht. Nach seiner Ansicht hat das Licht erkannt, wer es unbefangen in der Erscheinung wahrnimmt. Die Farben entstehen am Lichte und ihre Entstehung wird begriffen, wenn man zeigt, wie sie an demselben entstehen. Das Licht selbst ist in unmittelbarer Wahrnehmung gegeben. Was in ihm ideell veranlagt ist, erkennt man, wenn man beobachtet, welcher Zusammenhang zwischen ihm und den Farben ist. Nach dem Wesen des Lichtes zu fragen, nach einem Unerfahrbaren, das der Erscheinung „Licht" entspricht, ist vom Standpunkte der Goetheschen Weltanschauung aus unmöglich. „Denn eigentlich unternehmen wir umsonst, das Wesen eines Dinges auszudrücken. Wirkungen werden wir gewahr, und eine vollständige Geschichte dieser Wirkungen umfaſste wohl allenfalls das Wesen jenes Dinges." Das heiſst eine vollständige Darstellung der Wirkungen eines Erfahrbaren umfaſst alle Erscheinungen, die in ihm **ideell veranlagt** sind. „Vergebens bemühen wir uns den Charakter eines Menschen zu schildern; man stelle dagegen seine Handlungen, seine Taten zusammen, und ein Bild des Charakters wird uns entgegentreten. — Die Farben sind Taten des Lichtes, Taten und Leiden. In diesem Sinne können wir von denselben Aufklärung über das Licht erwarten." (Didaktischer Teil der Farbenlehre. Vorwort.)

*　　*　　*

Das Licht stellt sich der Beobachtung dar als „das einfachste, homogenste, unzerlegteste Wesen, das wir kennen" (Briefwechsel mit Jacobi S. 167). Ihm entgegengesetzt ist die Finsternis. Für Goethe ist die Finsternis nicht die vollkommen kraftlose Abwesenheit des Lichtes. Sie ist ein Wirksames. Sie stellt sich dem Licht entgegen und tritt mit ihm in Wechselwirkung. Die moderne Naturwissenschaft sieht die Finsternis an als ein vollkommenes Nichts. Das Licht, das in einen finstern Raum einströmt, hat, nach dieser Ansicht, keinen Widerstand der Finsternis zu überwinden. Goethe stellt sich vor, daſs Licht und Finsternis sich zu einander ähnlich verhalten wie der Nord- und Südpol eines Magneten. Die Finsternis kann das Licht in seiner Wirkungskraft schwächen. Umgekehrt kann das Licht die Energie der Finsternis beschränken. In beiden Fällen entsteht die Farbe. Eine physikalische Anschauung, die sich die Finsternis als das vollkommen Unwirksame denkt, kann von einer solchen Wechselwirkung nicht sprechen. Sie muſs daher die Farben allein aus dem Lichte herleiten. Die Finsternis tritt für die Beobachtung ebenso als Erscheinung auf wie das Licht. Das Dunkel ist in demselben Sinne Wahrnehmungsinhalt wie die Helle. Das eine ist nur der Gegensatz des andern. Das Auge, das in die Nacht hinausblickt, vermittelt die reale Wahrnehmung der Finsternis. Wäre die Finsternis das absolute Nichts, so entstände gar keine Wahrnehmung, wenn der Mensch in das Dunkel hinaussieht.

Das Gelb ist ein durch die Finsternis gedämpftes Licht; das Blau eine durch das Licht abgeschwächte Finsternis.

*　　*　　*

Das Auge ist dazu eingerichtet, dem vorstellenden Organismus die Erscheinungen der Licht- und Farbenwelt und die Bezüge dieser Erscheinungen zu vermitteln. Es verhält sich dabei nicht bloſs aufnehmend, sondern tritt in lebendige Wechselwirkung mit den Erscheinungen. Goethe ist bestrebt, die Art dieser Wechselwirkung zu erkennen. Er betrachtet das Auge als ein durchaus Lebendiges und will seine Lebensäuſserungen durchschauen. Wie verhält sich das Auge zu der einzelnen Erscheinung? Wie verhält es sich zu den Bezügen der Erscheinungen? Das sind Fragen, die er sich vorlegt. Licht und Finsternis, Gelb und Blau sind Gegensätze. Wie empfindet das Auge diese Gegensätze? Es muſs in der Natur des Auges begründet sein, daſs es die Wechselbeziehungen, die zwischen den einzelnen Wahrnehmungen bestehen, auch empfinde. Denn „das Auge hat sein Dasein dem Lichte zu danken. Aus gleichgiltigen tierischen Hilfsorganen ruft sich das Licht ein Organ hervor, das seinesgleichen werde; und so bildet sich das Auge am Lichte fürs Licht, damit das innere Licht dem äußern entgegentrete" (Didaktischer Teil der Farbenlehre. Einleitung).

So wie Licht und Finsternis sich in der äußeren Natur gegensätzlich verhalten, so stehen die beiden Zustände einander entgegen, in die das Auge durch die beiden Erscheinungen versetzt wird. Wenn man das Auge innerhalb eines finstern Raumes offen hält, so wird ein gewisser Mangel empfindbar. Wird es dagegen einer stark beleuchteten weißen Fläche zugewendet, so wird es für eine gewisse Zeit unfähig, mäßig beleuchtete Gegenstände zu unterscheiden. Das Sehen ins Dunkle steigert die Empfänglichkeit; dasjenige in das Helle schwächt sie ab.

Jeder Eindruck aufs Auge bleibt eine Zeitlang in demselben. Wer ein schwarzes Fenster-Kreuz auf einem hellen Hintergrunde ansieht, wird, wenn er die Augen schließt, die Erscheinung noch eine Weile vor sich haben. Blickt man, während der Eindruck noch dauert auf eine hellgraue Fläche, so erscheint das Kreuz hell, der Scheibenraum dagegen dunkel. Es findet eine Umkehrung der Erscheinung statt. Daraus folgt, daß das Auge durch den einen Eindruck disponiert wird, den entgegengesetzten aus sich selbst zu erzeugen. Wie in der Außenwelt Licht und Finsternis in Beziehung zu einander stehen, so auch die entsprechenden Zustände im Auge. Goethe stellt sich

vor, daſs der Ort im Auge, auf den das dunkle Kreuz
fiel, ausgeruht und empfänglich für einen neuen Eindruck ist. Deshalb wirkt auf ihn die graue Fläche
lebhafter als auf die übrigen Orte im Auge, die vorher das stärkere Licht von den Fensterscheiben empfangen haben. Hell erzeugt im Auge die Hinneigung
zum Dunkel; Dunkel die zum Hellen. Wenn man
ein dunkles Bild vor eine hellgraue Fläche hält und
unverwandt, indem es weggenommen wird, auf denselben Fleck sieht, so erscheint der Raum, den das
dunkle Bild eingenommen hat, um vieles heller als
die übrige Fläche. Ein graues Bild auf dunklem
Grunde erscheint heller als dasselbe Bild auf hellem.
Das Auge wird durch den dunklen Grund disponiert,
das Bild heller, durch den hellen es dunkler zu sehen.
Goethe wird durch diese Erscheinungen auf die groſse
Regsamkeit des Auges verwiesen „und den stillen
Widerspruch, den jedes Lebendige zu äuſsern gedrungen
ist, wenn ihm irgend ein bestimmter Zustand dargeboten
wird. So setzt das Einatmen schon das Ausatmen
voraus und umgekehrt. Es ist die ewige Formel des
Lebens, die sich auch hier äuſsert. Wie dem Auge
das Dunkle geboten wird, so fordert es das Helle; es
fordert Dunkel, wenn man ihm Hell entgegenbringt
und zeigt eben dadurch seine Lebendigkeit, sein Recht,
das Objekt zu fassen, indem es etwas, das dem Objekt
entgegengesetzt ist, aus sich selbst hervorbringt“ (§ 38
des didaktischen Teiles der Farbenlehre).

In ähnlicher Weise wie Licht und Finsternis
rufen auch Farbenwahrnehmungen eine Gegenwirkung
im Auge hervor. Man halte ein kleines Stück gelb-
gefärbten Papiers vor eine mäſsig erleuchtete weiſse

Tafel, und schaue unverwandt auf die kleine gelbe Fläche. Nach einiger Zeit hebe man das Papier hinweg. Man wird die Stelle, die das Papier ausgefüllt hat, violett sehen. Das Auge wird durch den Eindruck des Gelb disponiert, das Violett aus sich selbst zu erzeugen. Ebenso wird das Blaue das Orange, das Rote das Grün als Gegenwirkung hervorbringen. Jede Farbenempfindung hat also im Auge einen lebendigen Bezug zu einer andern. Die Zustände, in die das Auge durch Wahrnehmungen versetzt wird, stehen in einem ähnlichen Zusammenhange wie die Inhalte dieser Wahrnehmungen in der Aufsenwelt.

*   *
*

Wenn Licht und Finsternis, Hell und Dunkel aufs Auge wirken, so tritt ihnen dieses lebendige Organ mit seinen Forderungen entgegen; wirken sie auf die Dinge draufsen im Raume, so treten diese mit ihnen in Wechselwirkung. Der leere Raum hat die Eigenschaft der Durchsichtigkeit. Er wirkt auf Licht und Finsternis gar nicht. Diese scheinen durch ihn in ihrer eigenen Lebhaftigkeit durch. Anders ist es, wenn der Raum mit Dingen gefüllt ist. Diese Füllung kann eine solche sein, dafs das Auge sie nicht gewahr wird, weil Licht und Finsternis in ihrer ursprünglichen Gestalt durch sie hindurch scheinen. Dann spricht man von durchsichtigen Dingen. Scheinen Licht und Finsternis nicht ungeschwächt durch ein Ding hindurch, so wird es als trüb bezeichnet. Die trübe Raumausfüllung bietet die Möglichkeit, Licht und Finsternis, Hell und Dunkel in ihrem gegenseitigen Verhältnis zu beobachten. Ein Helles durch ein Trübes gesehen erscheint gelb, ein Dunkles blau. Das Trübe ist ein Materielles, das vom Lichte durchhellt wird. Gegenüber einem hinter ihm befindlichen helleren, lebhafteren Licht ist das Trübe dunkel; gegen eine durchscheinende Finsternis verhält es sich als Helles. Es wirken also, wenn ein Trübes sich dem Licht oder der Finsternis entgegenstellt, wirklich ein vorhandenes Helles und ein ebensolches Dunkles ineinander.

Nimmt die Trübe, durch welche das Licht scheint, allmählich zu, so geht das Gelb in Gelbrot und dann in Rubinrot über. Vermindert sich die Trübe, durch die das Dunkel dringt, so geht das Blau in Indigo und zuletzt in Violett über. Gelb und Blau sind Grundfarben. Sie entstehen durch Zusammenwirken des Hellen oder Dunklen mit der Trübe. Beide können einen rötlichen Ton annehmen, jenes durch Vermehrung, dieses durch Verminderung der Trübe. Das Rot ist somit keine Grundfarbe. Es erscheint als Farbenton an dem Gelben oder Blauen. Gelb mit seinen rötlichen Nuancen, die sich bis zum reinen Rot steigern, steht dem Licht nahe, Blau mit seinen Abtönungen ist der Finsternis verwandt. Wenn sich Blau und Gelb vermischen entsteht Grün; mischt sich das bis zum Violetten gesteigerte Blau mit dem zum Roten verfinsterten Gelb, so entsteht die Purpurfarbe.

Diese Grunderscheinungen verfolgt Goethe innerhalb der Natur. Die helle Sonnenscheibe durch einen Flor von trüben Dünsten gesehen, erscheint gelb. Der dunkle Weltraum durch die vom Tageslicht erleuchteten Dünste der Atmosphäre angeschaut, stellt sich

als das Blau des Himmels dar. „Ebenso erscheinen
uns auch die Berge blau: denn indem wir sie in einer
solchen Ferne erblicken, dafs wir die Lokalfarben nicht
mehr sehen, und kein Licht von ihrer Oberfläche mehr
auf unser Auge wirkt, so gelten sie als ein reiner
finsterer Gegenstand, der nun durch die dazwischen
tretenden Dünste blau erscheint“ (§ 156 des didaktischen
Teiles der Farbenlehre).

*　　*
*

Aus der Vertiefung in die Kunstwerke der Maler
ist Goethe das Bedürfnis erwachsen, in die Gesetze
einzudringen, denen die Erscheinungen des Gesichtssinnes unterworfen sind. Jedes Gemälde gab ihm
Rätsel auf. Wie verhält sich das Hell-Dunkel zu den
Farben? In welchen Beziehungen stehen die einzelnen
Farben zu einander? Warum bewirkt Gelb eine
heitere, Blau eine ernste Stimmung? Aus der Newtonschen Farbenlehre war kein Gesichtspunkt zu gewinnen, von dem aus diese Geheimnisse zu lüften gewesen wären. Sie leitet alle Farben aus dem Lichte
ab, stellt sie stufenweise nebeneinander und sagt nichts
über ihre Beziehungen zum Dunklen und auch nichts
über ihre lebendigen Bezüge zu einander. Aus den
auf eigenem Wege gewonnenen Einsichten konnte
Goethe die Rätsel lösen, die ihm die Kunst aufgegeben hatte. Das Gelb mufs eine heitere, muntere,
sanft reizende Eigenschaft besitzen, denn es ist die
nächste Farbe am Licht. Es entsteht durch die ge-
lindeste Mäfsigung desselben. Das Blau weist auf das
Dunkle hin, das in ihm wirkt. Deshalb gibt es ein

12*

Gefühl von Kälte, so wie „es auch an Schatten erinnert". Das rötliche Gelb entsteht durch **Steigerung** des Gelben nach der Seite des Dunklen. Durch **diese** Steigerung wächst seine Energie. Das **Heitere,** Muntere geht in das Wonnige über. **Sobald die** Steigerung noch weitergeht, vom Rotgelben ins **Gelb-** rote, verwandelt sich das heitere, wonnige **Gefühl** in den Eindruck des Gewaltsamen. Das Violett **ist** das zum Hellen strebende Blau. Die Ruhe und Kälte des Blauen wird dadurch zur Unruhe. Eine **weitere** Zunahme erfährt diese Unruhe im Blauroten. **Das** reine Rot steht in der Mitte zwischen Gelbrot **und** Blaurot. Das Stürmische des Gelben erscheint **ge-** mildert; die lässige Ruhe des Blauen belebt sich. **Das** Rote macht den Eindruck der idealen Befriedigung, der Ausgleichung der Gegensätze. Ein Gefühl **der** Befriedigung entsteht auch durch das Grün, **das eine** Mischung von Gelb und Blau ist. Weil aber hier **das** Heitere des Gelben nicht gesteigert, die Ruhe **des** Blauen nicht gestört durch den rötlichen Ton ist, **so** wird die Befriedigung eine reinere sein als die, **welche** das Rot hervorbringt.

*   *   *

Das Auge fordert, wenn ihm eine Farbe entgegengebracht wird, sogleich eine andere. Erblickt es **Gelb,** so entsteht in ihm die Sehnsucht nach dem **Violetten;** nimmt es Blau wahr, so verlangt es Orange; **sieht es** Rot, so begehrt es Grün. Es ist begreiflich, **dafs das** Gefühl der Befriedigung entsteht, wenn neben **eine** Farbe, die dem Auge dargeboten wird, eine **andere** gesetzt wird, die es seiner Natur nach erstrebt. Aus dem Wesen des Auges ergibt sich das Gesetz der Farbenharmonie. Farben, die das Auge nebeneinander fordert, wirken harmonisch. Treten zwei Farben nebeneinander auf, von denen die eine nicht die andere fordert, so wird das Auge zur Gegenwirkung aufgeregt. Die Zusammenstellung von Gelb und Purpur hat etwas Einseitiges, aber Heiteres und Prächtiges. Das Auge will Violett neben Gelb, um sich naturgemäfs ausleben zu können. Tritt Purpur an die Stelle des Violetten, so macht der Gegenstand seine Ansprüche gegenüber denen des Auges geltend. Er fügt sich den Forderungen des Organs nicht. Zusammenstellungen dieser Art dienen dazu, auf das Bedeutende der Dinge hinzuweisen. Sie wollen nicht unbedingt befriedigen, sondern charakterisieren. Zu solchen charakteristischen Verbindungen eignen sich Farben, die nicht in vollem Gegensatz zu einander stehen, die aber doch auch nicht unmittelbar ineinander übergehen. Zusammenstellungen der letzteren Art geben den Dingen, an denen sie vorkommen, etwas Charakterloses.

*　　*　　*

Das Werden und Wesen der Licht- und Farbenerscheinungen hat sich Goethe in der Natur offenbart. Er hat es auch wiedererkannt in den Schöpfungen der Maler, in denen es auf eine höhere Stufe gehoben, ins Geistige übersetzt ist. Einen tiefen Einblick in das Verhältnis von Natur und Kunst hat Goethe durch seine Beobachtungen der Gesichtswahrnehmungen gewonnen. Daran mag er wohl gedacht haben, als er nach Vollendung der „Farbenlehre" über diese Beobachtungen an Frau von Stein schrieb: „Es reut mich nicht, ihnen soviel Zeit aufgeopfert zu haben. Ich bin dadurch zu einer Kultur gelangt, die ich mir von einer andern Seite schwerlich verschafft hätte."

Gedanken über Entwicklungsgeschichte der Erde und Lufterscheinungen.

Gedanken über Entwicklungsgeschichte der Erde.

Durch seine Beschäftigung mit dem Ilmenauer Bergbau wurde Goethe angeregt, das Reich der Mineralien, Gesteine und Felsarten, sowie die übereinander geschichteten Massen der Erdrinde zu betrachten. Im Juli 1776 begleitete er den Herzog Karl August nach Ilmenau. Sie wollten sehen, ob das alte Bergwerk wieder in Bewegung gesetzt werden könne. Goethe widmete dieser Bergwerksangelegenheit auch weiter seine Fürsorge. Dabei wuchs in ihm immer mehr der Trieb, zu erkennen, wie die Natur bei der Bildung der Stein- und Gebirgsmassen verfährt. Er bestieg die hohen Gipfel und kroch in die Tiefen der Erde, um „der großen formenden Hand nächste Spuren zu entdecken". Seine Freude, die schaffende Natur auch von dieser Seite kennen zu lernen, teilte er am 8. September 1780 von Ilmenau aus der Frau von Stein mit. „Jetzt leb' ich mit Leib und Seel in Stein und Bergen und bin sehr vergnügt über die weiten Aussichten, die sich mir auftun. Diese zwei letzten Tage haben mir ein groß Fleck erobert und können auf Vieles schließen. Die Welt kriegt mir nun ein neu ungeheuer Ansehen." Immer mehr befestigt sich bei ihm die Hoffnung, dafs es ihm gelingen werde, einen Faden zu spinnen, der durch die unterirdischen Labyrinthe durchführen und eine Übersicht in der Verwirrung geben könne (Brief an Frau von Stein vom 12. Juni 1784). Allmählich dehnt er seine Beobachtungen über weitere Gebiete der Erdoberfläche aus. Auf seinen Harzreisen glaubt er zu erkennen, wie sich grofse anorganische Massen gestalten. Er schreibt ihnen die Tendenz zu, sich „in mannigfachen Richtungen zu trennen, so dafs Parallelepipeden entstehen, welche wieder in der Diagonale sich zu durchschneiden die Geneigtheit haben" (vergl. den Aufsatz „Gestaltung grofser anorganischer Massen im 34. Bande von Goethes Werken, Kürschners Nat.-Litt.). Er denkt sich die Steinmassen von einem ideellen Gitterwerk durchzogen, und zwar sechsseitig. Dadurch werden kubische, parallelepipedische, rhombische, rhomboidische, säulen- und plattenförmige Körper aus einer Grundmasse herausgeschnitten. Er stellt sich innerhalb dieser Grundmasse Kräftewirkungen vor, die sie in dem Sinne trennen, wie das ideelle Gitterwerk es veranschaulicht. Wie in der organischen Natur, so sucht Goethe auch in dem Steinreiche das wirksame Ideelle. Auch hier forscht er mit Geistes-Augen. Wo die Trennung in regelmäfsige Formen nicht in die Erscheinung tritt, da nimmt er an, dafs sie ideell in den Massen vorhanden ist. Auf einer Harzreise, die er 1784 unternimmt, läfst er von dem ihn begleitenden Rat Kraus Kreidezeichnungen ausführen, in denen das Unsichtbare, Ideelle durch das Sichtbare verdeutlicht und zur Anschauung gebracht ist. Er

ist der Ansicht, daſs das Tatsächliche vom Zeichner
nur dann wahrhaft dargestellt werden kann, wenn
dieser auf die Intentionen der Natur achtet, die in
der äuſseren Erscheinung oft nicht deutlich genug
hervortreten.

„Im Übergang aus dem Weichen in das Starre
ergibt sich die Scheidung, sie sei nun dem Ganzen
angehörig oder sie ereigne sich im Innersten der
Massen" (Band 34 von Goethes Werken in Kürschners
Nat.-Litt. Aufsatz: „Gebirgs-Gestaltung im ganzen
und einzelnen"). In den organischen Formen ist, nach
Goethes Ansicht, ein sinnlich-übersinnliches Urbild
lebendig gegenwärtig; ein Ideelles tritt in die sinnliche Wahrnehmung ein und durchsetzt sie. In der
regelmäſsigen Gestaltung anorganischer Massen wirkt
ein Ideelles, das als solches nicht in die sinnliche
Form eingeht, aber doch eine sinnliche Form schafft.
Die unorganische Form ist in der Erscheinung nicht
sinnlich-übersinnlich, sondern nur sinnlich; sie muſs
aber als Wirkung einer übersinnlichen Kraft auf-
gefaſst werden. Sie ist ein Zwischending zwischen
dem unorganischen Vorgang, dessen Verlauf noch
von einem Ideellen beherrscht wird, der aber von
demselben keine geschlossene Form erhält, und dem
Organischen, in dem das Ideelle selbst zur sinnlichen
Form wird.

Die Bildung zusammengesetzter Gesteine denkt
sich Goethe dadurch bewirkt, daſs die ursprünglich nur
ideell in einer Masse vorhandenen Substanzen tatsächlich auseinander getrennt werden. In einem
Briefe an Leonhard, vom 25. November 1807, schreibt
er: „So gestehe ich gern, daſs ich da noch oft simul-

tane Wirkungen erblicke, wo Andere schon eine
successive sehen; daſs ich in manchem Gestein, das andere
für ein Konglömerat, für ein aus Trümmern Zusammen-
geführtes und Zusammengebackenes halten, ein aus
einer heterogenen Masse in sich selbst Geschiedenes
und Getrenntes und sodann durch Konsolidation Fest-
gehaltenes zu schauen glaube."

Goethe ist nicht dazu gekommen, diese Gedanken
für eine gröſsere Zahl unorganischer Formenbildungen
fruchtbar zu machen. Es ist seiner Denkweise gemäſs,
auch die Anordnung der geologischen Schichten aus
ideellen Bildungsprinzipien zu erklären, die dem Stoff,
seinem Wesen nach, innewohnen. Den damals weit ver-
breiteten geologischen Ansichten Werners konnte er
sich aus dem Grunde nicht anschlieſsen, weil dieser
solche Bildungsprinzipien nicht kannte, sondern alles
auf die rein mechanischen Wirkungen des Wassers
zurückführte. Noch unsympathischer war ihm der von
Hutton aufgestellte und von Alexander von Humboldt,
Leopold von Buch und Anderen verteidigte Vulkanis-
mus, der die Entwicklung der einzelnen Erdperioden
durch gewaltsame Revolutionen erklärte. Durch vul-
kanische Kräfte läſst diese Anschauung groſse Gebirgs-
systeme plötzlich aus der Erde emporschieſsen. Solche un-
ermeſsliche Kraftleistungen schienen Goethe dem Wesen
der Natur zu widersprechen. Er sah keinen Grund,
warum die Gesetze der Erdentwicklung sich zu gewissen Zeiten plötzlich ändern und nach langandauernder
allmählicher Wirksamkeit sich in einem gewissen
Zeitpunkte durch „Heben und Drängen, Aufwälzen
und Quetschen, Schleudern und Schmeiſsen" äuſsern
sollen. Die Natur erschien ihm in allen ihren Teilen

konsequent, so dafs selbst eine Gottheit an den ihr
eingeborenen Gesetzen nichts ändern könnte. Ihre
Gesetze hält er für unwandelbar. Die Kräfte, die
heute an der Bildung der Erdoberfläche wirken,
müssen zu allen Zeiten gewirkt haben.

Von diesem Gesichtspunkte aus kommt er auch
zu einer naturgemäfsen Ansicht darüber, auf welche
Weise die Gesteinsblöcke an ihre Plätze gelangt sind,
die in der Nähe des Genfer Sees zerstreut sich vor-
finden und die, ihrer Beschaffenheit nach, von weit
entfernten Gebirgen abgetrennt sind. Es trat ihm
die Meinung entgegen, dafs diese Gesteinsmassen bei
dem tumultuarischen Aufstand der weit rückwärts im
Lande gelegenen Gebirge an ihren jetzigen Ort ge-
schleudert worden seien. Goethe suchte nach Kräften,
die gegenwärtig beobachtet werden können, und die geeignet sind, diese Erscheinung zu erklären. Er fand
solche bei der Bildung der Gletscher tätig. Nun
brauchte er nur anzunehmen, dafs die Gletscher, die
heute noch das Gestein vom Gebirge in die Ebenen
befördern, einstmals eine ungeheuer viel gröfsere Ausdehnung gehabt haben als gegenwärtig. Sie haben
dann die Steinmassen viel weiter von den Gebirgen
weggetragen als sie es in der Gegenwart tun. Als
die Gletscher wieder an Ausdehnung verloren, sind
diese Gesteine liegen geblieben. In analoger Weise,
dachte Goethe, müssen auch die in der norddeutschen
Tiefebene umherliegenden Granitblöcke an ihre jetzigen
Fundorte gelangt sein. Um sich vorstellen zu können,
dafs die von erratischen Blöcken bedeckten Landes-
teile einst von Gletschereis bedeckt waren, bedarf es
der Annahme einer Epoche grofser Kälte. Gemeingut

der Wissenschaft wurde diese Annahme durch A g a s s i z, der selbständig auf sie kam und sie 1837 in der Schweizerischen Gesellschaft für Naturforschung darlegte. In neuerer Zeit ist diese Kälteepoche, die über die Kontinente der Erde hereinbrach, als bereits ein reiches Tier- und Pflanzenleben entwickelt war, zum Lieblingsstudium bedeutender Geologen geworden. Was Goethe im Einzelnen über die Erscheinungen dieser „Eiszeit" vorbringt, ist gegenüber den Beobachtungen, die spätere Forscher gemacht haben, belanglos.

Ebenso wie zur Annahme einer Epoche grofser Kälte wird Goethe durch seine allgemeine Naturanschauung zu einer richtigen Ansicht über das Wesen der Versteinerungen geführt. Zwar haben schon frühere Denker in diesen Gebilden Überreste vorweltlicher Organismen erkannt. Diese richtige Ansicht ist aber so langsam allgemein herrschend geworden, dafs noch Voltaire die versteinerten Muscheln als Naturspiele ansehen konnte. Goethe erkannte bald, nachdem er einige Erfahrung auf diesem Gebiete gewonnen hatte, dafs die Versteinerungen die Reste der Organismen in einem naturgemäfsen Zusammenhange mit denjenigen Erdschichten stehen, in denen sie gefunden werden. Das heifst, dafs diese Organismen in den Epochen der Erde gelebt haben, in denen sich die entsprechenden Schichten gebildet haben. In dieser Weise spricht er sich über Versteinerungen in einem Briefe an Merck vom 27. Oktober 1782 aus: „Alle die Knochentrümmer, von denen Du sprichst und die in dem oberen Sande des Erdreichs überall gefunden werden, sind, wie ich völlig überzeugt bin, aus der neuesten Epoche, welche

aber doch gegen unsere gewöhnliche Zeitrechnung
ungeheuer alt ist. In dieser war das Meer schon
zurückgetreten; hingegen flossen Ströme noch in großer
Breite, doch verhältnismäßig zum Niveau des Meeres,
nicht schneller und vielleicht nicht einmal so schnell
als jetzt. Zu derselbigen Zeit setzte sich der Sand,
mit Leimen gemischt, in allen breiten Thälern nieder,
die nach und nach, als das Meer sank, von dem Wasser
verlassen wurden und die Flüsse sich in ihrer Mitte
nur geringe Beete gruben. Zu jener Zeit waren die
Elephanten und Rhinocerosse auf den entblößten
Bergen bei uns zu Hause, und ihre Reste konnten gar
leicht durch die Waldströme in jene großen Strom-
täler oder Seeflächen heruntergespült werden, wo sie
mehr oder weniger mit dem Steinsaft durchdrungen
sich erhielten und wo wir sie nun mit dem Pfluge
oder durch andere Zufälle ausgraben. In diesem Sinne
sagte ich vorher, man finde sie in dem oberen Sande,
nämlich in dem, der durch die andern Flüsse zusammen-
gespült worden, da schon die Hauptrinde des Erd-
bodens völlig gebildet war. Es wird nun bald die
Zeit kommen, wo man Versteinerungen nicht mehr
durcheinander werfen, sondern verhältnismäßig zu
den Epochen der Welt rangieren wird."

Goethe ist wiederholt ein Vorläufer der durch
Lyell begründeten Geologie genannt worden. Auch
diese nimmt nicht mehr gewaltsame Revolutionen oder
Katastrophen an, um die Entstehung einer Erdperiode
aus der andern zu erklären. Sie führt die früheren
Veränderungen der Erdoberfläche auf dieselben Vorgänge zurück, die sich auch jetzt noch abspielen. Es
darf aber nicht außer acht gelassen werden, daß die

moderne Geologie bloſs physikalische und chemische Kräfte heranzieht, um die Erdbildung zu erklären. Daſs dagegen Goethe gestaltende Kräfte annimmt, die innerhalb der Massen wirksam sind und die eine höhere Art von Bildungsprinzipien darstellen, als die Physik und Chemie sie kennen.

Betrachtungen über atmosphärische Erscheinungen.

Im Jahre 1815 lernt Goethe Luke Howards „Versuch einer Naturgeschichte und Physik der Wolken" kennen. Er wird dadurch zu schärferem Nachdenken über Wolkenbildungen und Witterungsverhältnisse angeregt. Zwar hat er schon früher mancherlei Beobachtungen über diese Erscheinungen gemacht und aufgezeichnet. Das Erfahrene jedoch zusammenzustellen fehlten ihm „Umsicht und wissenschaftliche Verknüpfungszweige". In dem Howardschen Aufsatze sind die mannigfaltigen Wolkenbildungen auf gewisse Grundformen zurückgeführt. Goethe findet nun einen Eingang in die Witterungskunde, die ihm bisher fremd geblieben ist, weil es seiner Natur unmöglich war, aus der Art, wie dieser Wissenszweig zu seiner Zeit behandelt wurde, etwas zu gewinnen. „Den ganzen Komplex der Witterungskunde, wie er tabellarisch durch Zeichen und Zahlen aufgestellt wird, zu erfassen, war meiner Natur unmöglich; ich freute mich, einen integrierenden Teil derselben meiner Neigung und Lebensweise angemessen zu finden, und weil in diesem unendlichen All alles in ewiger, sicherer Beziehung steht, eins das andere hervorbringt oder wechselsweise hervorgebracht wird, so schärfte ich meinen Blick auf das dem Sinne der Augen Erfafsliche, und gewöhnte mich, die Bezüge der atmosphärischen und irdischen Erscheinungen mit Barometer und Thermometer in Einklang zu bringen."

Da der Stand des Barometers in genauem Bezug zu allen Witterungsverhältnissen steht, so tritt er auch bald für Goethe in den Mittelpunkt seiner Beobachtungen über atmosphärische Verhältnisse. Je länger er diese Beobachtungen fortsetzt, um so mehr glaubt er zu erkennen, dafs das Steigen und Fallen des Quecksilbers im Barometer an verschiedenen „näher und ferner, nicht weniger an unterschiedenen Längen, Breiten und Höhen gelegenen Beobachtungsorten" so geschieht, dafs einem Steigen oder Fallen an einem Orte ein fast gleich grofses Steigen oder Fallen an allen andern Orten zu gleichen Zeiten entspricht. Aus dieser Regelmäfsigkeit der Barometerveränderungen zieht Goethe die Folgerung, dafs auf dieselben keine aufserirdischen Einflüsse wirken können. Wenn man dem Monde, den Planeten, den Jahreszeiten einen solchen Einflufs zuschreibt, wenn man von Ebbe und Flut in der Atmosphäre spricht, so wird die Regelmäfsigkeit nicht erklärt. Alle diese Einflüsse müfsten sich zu gleichen Zeiten in der verschiedensten Weise an verschiedenen Orten geltend machen. Nur wenn innerhalb der Erde selbst die Ursache für diese Veränderungen liegt, sind sie erklärbar, meint Goethe. Da nun der Stand des Quecksilbers von dem Druck der Luft abhängt, so stellt sich Goethe vor, dafs die

Erde abwechselnd die ganze Atmosphäre zusammenpreſst und wieder ausdehnt. Wird die Luft zusammengepreſst, so erhöht sich ihr Druck und das Quecksilber fällt; das Umgekehrte findet bei der Ausdehnung statt. Goethe schreibt diese abwechselnde Zusammenziehung und Ausdehnung der ganzen Luftmasse einer Veränderlichkeit zu, welcher die Anziehungskraft der Erde unterworfen ist. Das Vermehren und Vermindern dieser Kraft sieht er in einem gewissen Eigenleben der Erde begründet und vergleicht es mit dem Ein- und Ausatmen eines Organismus.

Demnach denkt sich Goethe auch die Erde nicht in bloſs mechanischer Weise wirksam. So wenig er die geologischen Vorgänge rein mechanisch und physikalisch erklärt, ebensowenig thut er dies bei den Barometerschwankungen. Seine Naturansicht steht in scharfem Gegensatz zu der modernen. Diese sucht, ihren allgemeinen Grundsätzen gemäſs, die atmosphärischen Vorgänge physikalisch zu begreifen. Die Temperaturunterschiede in der Atmosphäre bewirken eine Verschiedenheit des Luftdrucks an verschiedenen Orten, erzeugen Luftströmungen von wärmeren nach kälteren Gebieten, vermehren oder vermindern den Feuchtigkeitsgehalt, bringen Wolkenbildungen und Niederschläge hervor. Aus solchen und ähnlichen Faktoren werden die Schwankungen des Luftdrucks und damit das Steigen und Fallen des Barometers erklärt. Auch widerspricht Goethes Vorstellung von einer Vermehrung und Verminderung der Anziehungskraft den modernen mechanischen Begriffen. Nach diesen ist

13*

die Stärke der Anziehungskraft an einem Orte stets dieselbe.

Goethe wendet mechanische Vorstellungen nur so weit an, als es ihm durch die Beobachtung geboten erscheint.

Goethe und Hegel.

Goethe und Hegel.

Goethes Weltbetrachtung geht nur bis zu einer
gewissen Grenze. Er beobachtet die Licht- und
Farbenerscheinungen und dringt bis zum Urphänomen
vor; er sucht sich innerhalb der Mannigfaltigkeit des
Pflanzenwesens zurechtzufinden und gelangt zu seiner
sinnlich-übersinnlichen Urpflanze. Von dem Urphänomen oder der Urpflanze steigt er nicht zu höheren
Erklärungsprinzipien auf. Das überläfst er den Philosophen. Er ist befriedigt, wenn „er sich auf der
empirischen Höhe befindet, wo er rückwärts die Erfahrung in allen ihren Stufen überschauen, und vorwärts in das Reich der Theorie, wo nicht eintreten,
doch einblicken kann". Goethe geht in der Betrachtung des Wirklichen so weit, bis ihm die Ideen ent-
gegenblicken. In welchem Zusammenhange die Ideen
untereinander stehen; wie innerhalb des Ideellen das
eine aus dem andern hervorgeht: das sind Aufgaben,
die auf der empirischen Höhe erst beginnen, auf der
Goethe stehen bleibt. Die Idee ist ewig und einzig,
meint er. Dafs wir auch den Plural brauchen, ist nicht
wolgetan. Alles, was wir gewahr werden und wovon

wir reden können, sind nur Manifestationen der Idee." Da aber doch in der Erscheinung die Idee als eine Vielheit von Einzelideen auftritt, z. B. Idee der Pflanze, Idee des Tieres, so müssen diese sich auf eine Grundform zurückführen lassen, wie die Pflanze sich auf das Blatt zurückführen läfst. Auch die einzelnen Ideen sind nur in ihrer Erscheinung verschieden; in ihrem wahren Wesen sind sie identisch. Es ist also ebenso im Sinne der Goetheschen Weltanschauung, von einer Metamorphose der Ideen wie von einer Metamorphose der Pflanzen zu reden. Der Philosoph, der diese Metamorphose der Ideen darzustellen versucht hat, ist Hegel. Er ist dadurch der Philosoph der Goetheschen Weltanschauung. Von der einfachsten Idee, dem reinen „Sein", geht er aus. In diesem verbirgt sich die wahrhafte Gestalt vollständig. Ihr reicher Inhalt wird zum blutarmen Abstractum. Man hat Hegel vorgeworfen, dafs er aus dem reinen „Sein" die ganze inhaltvolle Welt der Ideen ableitet. Aber das reine Sein enthält „der Idee nach" die ganze Ideenwelt, wie das Blatt der Idee nach die ganze Pflanze enthält. Hegel verfolgt die Metamorphosen der Idee von dem reinen abstrakten Sein bis zu der Stufe, in der die Idee unmittelbar wirkliche Erscheinung wird. Er betrachtet als diese höchste Stufe die Erscheinung der Philosophie selbst. Denn in der Philosophie werden die in der Welt wirksamen Ideen in ihrer ureigenen Gestalt angeschaut. In Goethes Weise gesprochen könnte man etwa sagen: die Philosophie ist die Idee in ihrer gröfsten Ausbreitung; das reine Sein ist die Idee in ihrer äufsersten Zusammenziehung. Dafs Hegel in der Philosophie die vollkommenste Metamorphose

der Idee sieht, beweist, daſs ihm die wahre Selbstbeobachtung ebenso verschlossen ist wie Goethe. Ein
Ding hat seine höchste Metamorphose erreicht, wenn
es in der Wahrnehmung, im unmittelbaren Leben
seinen vollen Inhalt herausarbeitet. Die Philosophie
aber enthält den Ideengehalt der Welt nicht in Form
des Lebens, sondern in Form von Gedanken. Die
lebendige Idee, die Idee als Wahrnehmung, ist allein
der menschlichen Selbstbeobachtung gegeben. Hegels
Philosophie ist keine Weltanschauung der Freiheit,
weil sie den Weltinhalt in seiner höchsten Form nicht
auf dem Grunde der menschlichen Persönlichkeit sucht.
Auf diesem Grunde wird aller Inhalt ganz individuell.
Nicht dieses Individuelle sucht Hegel, sondern das
Allgemeine, die Gattung. Er verlegt den Ursprung
des Sittlichen daher auch nicht in das menschliche
Individuum, sondern in die objektive Weltordnung,
welche die sittlichen Ideen enthalten soll. Der Mensch
gibt sich nicht selbst sein sittliches Ziel, sondern er
hat sich der sittlichen Weltordnung einzugliedern.
Das Einzelne, Individuelle gilt Hegel geradezu als
das Schlechte, wenn es in seiner Einzelheit verharrt.
Erst innerhalb des Ganzen erhält es seinen Wert.
Dies ist die Gesinnung der Bourgeoisie, bemerkt Max
Stirner „und ihr Dichter Goethe, wie ihr Philosoph
Hegel haben die Abhängigkeit des Subjekts vom Objekte, den Gehorsam gegen die objektive Welt u. s. w.
zu verherrlichen gewuſst“. Hegel wie Goethe fehlt
die Anschauung der Freiheit, weil beiden die Anschauung
des innersten Wesens der menschlichen Natur abgeht.
Hegel fühlt sich durchaus als Philosoph der Goetheschen
Weltanschauung. Er schreibt am 20. Februar 1821

an Goethe: „Das Einfache und Abstrakte, das Sie sehr treffend das Urphänomen nennen, stellen sie an die Spitze, zeigen dann die konkreteren Erscheinungen auf, als entstehend durch das Hinzukommen weiterer Einwirkungsweisen und Umstände und regieren den ganzen Verlauf so, daſs die Reihenfolge von den einfachen Bedingungen zu den zusammengesetztern fortschreitet, und so rangiert, das Verwickelte nun, durch diese Dekomposition, in seiner Klarheit erscheint. Das Urphänomen auszuspüren, es von den andern ihm selbst zufälligen Umgebungen zu befreien, — es abstrakt, wie wir dies heiſsen, aufzufassen, dies halte ich für eine Sache des groſsen geistigen Natursinns, sowie jenen Gang überhaupt für das wahrhaft Wissenschaftliche der Erkenntnis in diesem Felde." „Darf ich Ew. u. s. w. aber nun auch noch von dem besondern Interesse sprechen, welches ein so herausgehobenes Urphänomen für uns Philosophen hat, daſs wir nämlich ein solches Präparat geradezu in den philosophischen Nutzen verwenden können! Haben wir nämlich unser zunächst austernhaftes, graues, oder ganz schwarzes Absolutes, doch gegen Luft und Licht hingearbeitet, daſs es derselben begehrlich geworden, so bräuchen wir Fensterstellen, um es vollends an das Licht des Tages herauszuführen; unsere Schemen würden zu Dunst verschweben, wenn wir sie so geradezu in die bunte, verworrene Gesellschaft der widerwärtigen Welt versetzen wollten. Hier kommen uns nun Ew. Wohlgeboren Urphänomene vortrefflich zu statten; in diesem Zwielichte, geistig und begreiflich durch seine Einfachheit, sichtlich und greiflich durch seine Sinnlichkeit — begrüfsen sich die beiden Welten, unser Abstruses, und das erscheinende Dasein, einander."

Wenn auch Goethes Weltanschauung und Hegels Philosophie einander vollkommen entsprechen, so würde man sich doch sehr irren, wenn man den Gedanken-Leistungen Goethes und denen Hegels den gleichen Wert zuerkennen wollte. In beiden lebt dieselbe Vorstellungsweise. Beiden fehlt die Selbstwahrnehmung. Doch hat Goethe seine Reflexionen auf Gebieten angestellt, in denen der Mangel der Selbstwahrnehmung nicht schädlich wirkt. Hat er auch nie die Ideenwelt als Wahrnehmung gesehen; er hat doch in der Ideenwelt g e l e b t und seine Beobachtungen von ihr durchdringen lassen. Hegel hat die Ideenwelt ebensowenig wie Goethe als Wahrnehmung, als individuelles Dasein geschaut. Er hat aber gerade über die Ideenwelt seine Reflexionen angestellt. Diese sind daher nach vielen Richtungen hin schief und unwahr. Hätte Hegel Beobachtungen über die Natur angestellt, so wären sie wol ebenso wertvoll geworden wie diejenigen Goethes; hätte Goethe ein philosophisches Gedankengebäude aufgestellt, so wäre es kaum gesünder geworden als dasjenige Hegels.

Namen-Register.